Barbara Cratzius · Ursula Ritter
Sonne, Mond, Laterne

BARBARA CRATZIUS · URSULA RITTER

SONNE, MOND, LATERNE

RUND UM DAS MARTINSFEST

MIT VORLAGEN IN ORIGINALGRÖSSE

Christophorus Verlag · Freiburg

Inhalt

Vorwort 5

Zu diesem Buch 6

Licht

Lichtermeditation – Tischlaternen 8
Kerzenlichter – Fensterbanklicht und Tischlaterne 10
Lichtertanz – Handlichter 12

Aus dem Leben des Heiligen Martin – Zehn Geschichten und ein Singspiel

Erste Geschichte – Unser Sohn soll Martin heißen 14

Zweite Geschichte – Martin und seine Freunde 14
Wir singen „Martin, Sankt Martin" (Strophe 1 bis 2) 15

Dritte Geschichte – Martin und der Bettler 15
Wir singen „Martin, Sankt Martin" (Strophe 3) 15
Martin und der Bettler – Spielfiguren 16

Vierte Geschichte – Martin läßt sich taufen 18
Wir singen „Martin, Sankt Martin" (Strophe 4) 18

Fünfte Geschichte – Martin gibt sein Schwert ab 18
Wir singen „Martin, Sankt Martin" (Strophe 5) 18

Sechste Geschichte – Martin und die Räuber 18
Wir singen „Martin, Sankt Martin" (Strophe 6) 19

Siebte Geschichte – Martin und die ersten Mönche 19
Wir singen „Martin, Sankt Martin" (Strophe 7) 19
Häuser und Kirche – Fensterbanklicht und Fensterbild 20

Achte Geschichte – Martin im Gänsestall 22
Wir singen „Martin, Sankt Martin" (Strophe 8) 22

Neunte Geschichte – Martin unter der Eiche 22

Zehnte Geschichte – Lichter für Sankt Martin 22
Wir singen „Martin, Sankt Martin" (alle Strophen) 23
Martin im Gänsestall – Fingerpuppen 24
Martinsgänse – Gebäckschale, Reihenschnitt, Gebäck 26
Kathedrale – Fensterbild 28

Der Bettler in der Winternacht – Ein Singspiel 30
Kostüme 32

Sonne, Mond und Sterne

Tischlaterne 36

Wir singen „Lichter, leuchtet weit" 36
Mobile 38
Raumschmuck 40

Laternenumzug

Tips für den Laternenbau 42

Stallaterne 43
Wir singen „Mein liebes Licht, verlösche nicht" 44
Martinsgans – Laterne 44

Beim Laternenumzug – Eine Geschichte ____________ 46
Wir singen „Laterne, Laterne“ ____________ 47
Martinslaternen ____________ 48
Kürbislaterne ____________ 50
Kürbissuppe ____________ 50
Leuchtdrache ____________ 52
Wir singen „Kommt her aus allen Straßen“ ____________ 54
Eule – Laterne ____________ 54

Zeit kann man auch teilen! – Eine Martinsgeschichte ______ 56
Wir singen „Wir tragen Stern an Stern“ __ 57
Martinsfeuer – Feuerlaternen ____________ 58

Der Laternenumzug – Planung und Durchführung _ 60
Checkliste für die Vorbereitungen ____________ 60
Martinsbrot zum Teilen ______ 61

Nach dem Umzug

Collage ____________ 62

Vorwort

Im September, wenn der Herbst seine Schatten vorauswirft und die Tage kürzer werden, beginnt die Zeit der Lichter. Auch die Kinder bemerken den frühen Einbruch der Dunkelheit. Und am Abend zieht es sie eher ins Haus zurück, wo es heller ist und wärmer. Jetzt, während des Übergangs vom Sommer zum Winter, können sie die Unterschiede zwischen Licht und Dunkelheit besonders deutlich erfahren. Jetzt können wir ihnen die Bedeutung von Licht und Dunkelheit am besten nahebringen.
Als Höhepunkt empfinden die Kinder dann den Martinsumzug am 11. November: Sie ziehen mit leuchtenden Laternen durch die dunklen Straßen, sie selbst bringen Licht in die Nacht. Kinder, die auf den Laternenumzug vorbereitet sind und die Legende des Heiligen Martin kennen, werden diesen Abend ganz bewußt und intensiv erleben.

Für alle, die diese Zeit rund um das Martinsfest gemeinsam mit Kindern in der Familie, im Kindergarten oder in der Schule gestalten möchten, ist das vorliegende Buch gedacht.
Barbara Cratzius erzählt hier in zehn Geschichten vom Leben des Heiligen Martin. Mit einem Singspiel und modernen Martinsgeschichten aus unserem Alltag regt sie an zum Nachdenken über den Sinn des Teilens und Helfens. Mit ihren Martins- und Laternenliedern läßt sich jedes Martinsfest lebendig untermalen.
Ursula Ritter hat sich als Ergänzung zu den Geschichten, Spielen und Liedern viele neue Bastelarbeiten ausgedacht: Spielfiguren und Kostüme, mit denen Kinder die Legende des Heiligen Martin nachspielen können – Schmuck für Fenster, Tische und den ganzen Raum – Laternen und Lichter für drinnen und draußen.
All dies wird durch Vorschläge zu weiteren begleitenden Aktivitäten ergänzt: eine Lichtermeditation oder ein Lichtertanz zum Beispiel oder Rezepte für Martinsgebäck.
Und zum Schluß gibt es dann noch Tips und Hinweise zur Planung und Durchführung und auch zur Nachbereitung eines Laternenumzuges. Denn ein Martinsfest mit Liedern und Laternen, mit Reiter und Bettler, mit einem großen Martinsfeuer und selbstgebackenem Martinsbrot zum Teilen läßt die Worte des Heiligen Martin für die Kinder lebendig werden: „Ich möchte ein Licht sein, das allen leuchtet.“

Zu diesem Buch . . .

Dieses Buch enthält Ideen rund um das Martinsfest: Geschichten zum Vorlesen, Anregungen für Gespräche und Spiele, Lieder, Anleitungen zum Basteln und Rezepte. Außerdem gibt es nützliche Hinweise für die Planung und Durchführung eines Laternenumzugs.
Zunächst einige Informationen über Materialien, die sich zum Basteln eignen, und Tips zu Techniken, die das Basteln erleichtern.

Material

Viele Arbeiten dieses Buches werden aus Papier und Karton angefertigt.
Fotokarton ist ein kräftiger, durchgefärbter Karton, der in vielen Farben erhältlich ist. Er eignet sich besonders für größere oder tragende Teile.
Für einige Objekte wird ein Karton verwendet, der einseitig silberfarben beschichtet ist.
Tonpapier ist ebenfalls durchgefärbt. Es gibt sehr viele intensive Farben und verschiedene Stärken. In diesem Buch wird Tonpapier mit 130 g/qm verwendet. Tonpapier ist dünner und biegsamer als Fotokarton und läßt sich auch leichter schneiden.
Tip: Es gibt umweltfreundliche Fotokartons und Tonpapiere aus 100% Altpapier.
Transparentpapier (Drachenpapier, Pergamin) ist ein farbiges oder weißes Papier mit glatter, glänzender Oberfläche von hoher Transparenz. Es werden farbig sortierte Hefte angeboten.
Regenbogen-Transparentpapier ist ein stabiles Transparentpapier mit schönem Farbverlauf. Es eignet sich sehr gut zum Hinterkleben von Fensterbildern.
Architektenpapier ist ein mattes, hochtransparentes Zeichenpapier, das vorwiegend für technische Zeichnungen verwendet wird. Es ist milchig-weiß und besitzt eine sehr glatte, radierfeste Oberfläche. Es wird auch unter der Bezeichnung „Transparentpapier" angeboten, ist aber nicht mit dem Pergamin zu verwechseln.
Regenbogen-Buntpapier ist mit unterschiedlichen Farbverläufen einseitig bedruckt.
Seidenpapier ist ein sehr dünnes Papier.
Kreppapier hat eine plastisch strukturierte Oberfläche und ist in der Faserlaufrichtung dehnbar.
Feinwellige Bastelwellpappe gibt es gerollt in verschiedenen kräftigen Farben im Hobbyfachhandel. Sie ist stabil und läßt sich leichter schneiden als graue Verpackungswellpappe. Bastelwellpappe eignet sich sehr gut zum Verkleiden von Pappröhren. Will man flache Motive ausschneiden, muß der Wellpappebogen vorher für einige Zeit ausgebreitet und leicht beschwert werden, damit er sich nicht mehr rollt.
Daneben werden u. a. Stoff, Filz, Watte, Pfeifenputzer, Käseschachteln, Schraubgläser, Medikamentenschachteln und Fingerpuppenrohlinge verwendet.

Was man sonst noch braucht

Bleistifte (2B; HB); Filzstifte; Wachsmalkreiden; Deckfarben; Pinsel; Schneiderkreide; Graphitpapier; Zeichenkarton für Schablonen; Malkarton; Schaschlikspieße; Nähgarn; Heftfaden; Baumwollgarn; Draht; kleine Wäscheklammern, Glasschale. Einen Papier- oder Alleskleber, z.B. UHU Alleskleber extra; zum Kleben im Kontaktverfahren UHU Alleskleber Kraft; eventuell eine Niedertemperatur-Klebepistole, z.B. die UHU-pistole LT 110; Tapetenkleister. Als Arbeitsunterlage dient eine feste Pappe.

Was man zum Ausschneiden braucht

Kinder schneiden am besten mit einer *Bastelschere*, die vorne abgerundet ist.
Eine *große Papierschere* bewährt sich bei langen, geraden Schnitten.
Eine *kleine, spitz zulaufende Silhouettenschere* eignet sich sehr gut für Innenausschnitte und enge Kurvenschnitte. Sie gehört jedoch nicht in Kleinkinderhände.
Erwachsene können Innenausschnitte auch mit einem *Papierschneidemesser* schneiden. Zum Stanzen von Punkten oder Löchern wird ein *Bürolocher* benötigt.
Ein *Falzbein* ermöglicht genaue Falzkanten, stattdessen kann auch eine geschlossene Scherenspitze oder eine stumpfe Stricknadel verwendet werden.
Ein *Lineal* ist beim Anzeichnen gerader Schnitt- und Faltlinien sehr nützlich und bei der Arbeit mit dem Falzbein unentbehrlich.
Außerdem benötigt man eine *Nähnadel*, eine *Stopf- oder Sticknadel, Stecknadeln* und eine *Nähmaschine.*

Vorlagen übertragen

Auf dem Vorlagenbogen sind alle Motive, die gebastelt werden, in Originalgröße abgebildet. Mit Hilfe von Kohlepapier kann jedes Teil direkt auf die ausgewählte Papiersorte übertragen werden.
Oder: Das Motiv mit einem weichen Bleistift auf Architektenpapier zeichnen, die Linien auf der Rückseite mit einem weichen Bleistift schwärzen, mit der Rückseite nach unten auf das Papier legen und das Motiv mit einem mittelharten Bleistift (HB) fest durchdrücken.
Bei Arbeiten aus Filz und Stoff oder auch für Gruppenarbeiten empfiehlt sich die Anfertigung einer Schablone aus festem Karton.

Ausschneiden

Paus- oder Bleistiftlinien wegschneiden. Bei Kurvenschnitten das Papier mit einer Hand drehen, während die andere Hand schneidet.
Papierschneidemesser flach ansetzen und eine feste Pappe als Unterlage verwenden.

Falzen und falten

Das Lineal exakt an die Faltlinie legen und die Linie mit dem Falzbein oder der geschlossenen Scherenspitze nachfahren. Das Papier wird auf diese Weise leicht angeritzt und ermöglicht eine genaue Falzkante.

Kleben

Wenig Klebstoff verwenden und dünn auftragen. Klebestellen eventuell beschweren oder mit kleinen Wäscheklammern fixieren.
Kontaktklebeverfahren: beide Klebestellen dünn bestreichen, kurz antrocknen lassen, bis der Klebstoff berührtrocken ist, dann beide Teile fest zusammenpressen.
Kleben mit der Niedertemperatur-Klebepistole: Klebstoff einseitig auftragen und die zu verklebenden Teile sofort zusammenfügen.

Licht

Lichtermeditation

Jedes Kind im Vorschulalter weiß, daß es am Tag hell ist und in der Nacht dunkel. Es weiß, daß man „Licht machen" kann, z.B. mit einer Lampe oder mit einer Kerze. Licht ist selbstverständlich. Die Bedeutung von Licht und Dunkelheit wird erst bewußt, wenn eine besondere Situation eintritt, wenn beispielsweise der Strom ausfällt und man sich im Dunkeln zurechtfinden muß. Mit einer Lichtermeditation kann Licht und Dunkelheit erfahren werden.
Was ist, wenn es hell ist, wenn Licht ist?
Was ist, wenn es dunkel ist?

Tischlaternen

Material und Hilfsmittel

Ovaler Luftballon; Transparentpapier in Rot, Pink, Orange, Gelb und Grün; Regenbogen-Buntpapier; die Hälfte einer Käseschachtel mit ca. 11 cm Durchmesser; kleine Schraubgläser ohne Deckel, z.B. von Marmelade, Honig usw.; Teelichter.
Bleistift; Schere; Glasschale; angerührter Kleister.

Ausführung

Große Tischlaterne: Verschiedenfarbiges Transparentpapier in kinderhandgroße Stücke reißen, in Kleister tauchen, auf den prall aufgeblasenen Ballon legen und glattstreichen. Den gesamten Ballon mit überlappenden Papierquadraten bekleben. Drei bis vier gleichmäßige Schichten auftragen. Es sollten überwiegend warme Farben verwendet werden, so gibt die Laterne später auch ein warmes Licht.
Die Kugel am Luftballonhals zum Trocknen aufhängen. Das kann mehrere Tage dauern. Nach dem Trocknen die Öffnung anzeichnen. Dazu eine runde Glasschale über das Kugeloberteil stülpen und mit Bleistift die Schnittlinie am Schalenrand entlang anzeichnen. Den Ballon vorsichtig anstechen, damit die Luft langsam entweichen kann. Die Kappe der Kugel abschneiden.
Für den Standfuß ein Zackenband nach der Vorlage aus Regenbogen-Buntpapier ausschneiden, die Zacken abknicken und den Kleberand um die Käseschachtel kleben. Die Käseschachtel auf einen großen Stern aus Regenbogen-Buntpapier kleben und die Laterne am Schachtelboden fixieren.

Kleine Tischlaternen: Verschiedenfarbiges Transparentpapier in kleine, quadratische Stücke reißen, in Kleister tauchen und auf die Marmeladengläser kleben. Eine deckende Schicht genügt.
Sterne nach der Vorlage aus Regenbogen-Buntpapier schneiden und als Untersetzer verwenden.

Achtung: Die Teelichter unangezündet in die Laternen setzen und dann erst anzünden. Dazu eignen sich am besten überlange Streichhölzer. Die Laternen nie unbeaufsichtigt oder die Kinder damit allein lassen!

Das Zimmer wird abgedunkelt, bevor die Kinder in den Raum kommen. Ein runder Tisch und die Stühle stehen in der Mitte des Raumes. Dinge, die die Aufmerksamkeit der Kinder auf sich ziehen könnten, werden weggräumt. Für die Meditation ein ruhiges Musikstück auswählen und den Kassettenrecorder vorbereiten.
Zwei kleine Tischlaternen auf den Tisch stellen, die Mitte des Tisches frei lassen und die Kerzen anzünden. Auf jeden Platz eine kleine Tischlaterne stellen, die Kerzen aber nicht anzünden. Leise Musik anschalten.
Die Kinder betreten den Raum. Lassen Sie den Kindern Zeit, sich im Dunkeln zurechtzufinden.
Alle setzen sich so an den Tisch, daß beide Füße den Boden berühren. Leise sprechen und dann schweigen. Die Gruppe hört einige Minuten still die Musik an.
Fragen Sie die Kinder, was sie in der Dunkelheit empfinden.
Dann wird die große Tischlaterne aufgestellt und die Kerze angezündet. Nun ist es heller, und alle schauen still auf das Licht. Was empfinden die Kinder jetzt?
Nach einiger Zeit werden alle Kerzen in den kleinen Tischlaternen angezündet, der Raum ist hell erleuchtet. Gemeinsam singen die Kinder ein Lied.
Danach bläst jedes Kind vorsichtig seine Laterne aus, bis nur noch die Kerze in der großen Tischlaterne brennt. Leise verlassen die Kinder den Raum.

Kerzenlichter

Wenn der Herbst kommt und es draußen früher dunkel wird, bemerken auch die Kinder die Veränderung. Sie ziehen sich früher am Abend ins Haus zurück, wo es hell und warm ist.
Mit einer Lichtermeditation wird Licht und Dunkelheit erfahrbar gemacht, das Erlebnis steht im Vordergrund, nicht das Gespräch. Das kann in den Tagen danach stattfinden, wenn noch einmal gefragt wird: „Was ist, wenn es hell ist?" und „Was ist, wenn es dunkel ist?" Die Kinder machen sich Gedanken zu Licht und Dunkelheit, zählen Lichtquellen auf, schildern ihre Eindrücke – „Was kann man im Licht sehen, was im Dunkeln?" Sie erzählen von ihren Gefühlen, von Freude, dem Gefühl der Sicherheit, von Unsicherheiten und Ängsten.
Den Kindern wird die Bedeutung des Lichtes bewußt, und sie verstehen dann auch besser den Sinn, wenn bildhaft vom Licht die Rede ist, z.B. in der Bibel oder in der Legende von Sankt Martin, der gesagt hat: „Ich möchte ein Licht sein, das allen leuchtet" (siehe Seite 22).

Fensterbanklicht und Tischlaterne

Material und Hilfsmittel

Fensterbanklicht: Fotokarton in Rot; farbiges Transparentpapier oder Regenbogen-Transparentpapier; Teelichter.
Tischlaterne: Zeichenkarton; Fotokarton in Orange; Tonpapier in Gelb und Rot; Teelichter.
Bleistift; Schere; Silhouettenschere oder Papierschneidemesser; Lineal; Falzbein; Wäscheklammern; Klebstoff.

Ausführung

Fensterbanklicht: Das Motiv vom Vorlagenbogen auf roten Fotokarton übertragen und ausschneiden. Die inneren Formen entweder mit der Silhouettenschere oder mit dem Papierschneidemesser ausschneiden. Bei geraden Schnitten das Papierschneidemesser am Lineal entlangführen. Die Faltlinien mit Lineal und Falzbein vorfalzen, dann falten. Die Ausschnitte mit farbigem Transparentpapier oder Regenbogen-Transparentpapier hinterkleben.
Hinweis bei Verwendung von Regenbogen-Transparentpapier: Die Kerzen dürfen nicht zu nahe am Papier stehen, es wellt sich, da sich Fotokarton und Regenbogen-Transparentpapier bei Wärme verschieden ausdehnen.

Tischlaterne: Die Grundform mit sechs Seitenflächen vom Vorlagenbogen auf orangefarbenen Fotokarton übertragen und ausschneiden. Die Fensterflächen mit dem Papierschneidemesser ausschneiden. Die eingezeichneten Faltlinien und Kleberänder

mit Lineal und Falzbein vorfalzen, so ergeben sich beim Falten glatte Kanten.
Die Ausschnitte mit Transparentpapier hinterkleben.
Von Kerze und Stern nach den Vorlagen Kartonschablonen anfertigen, auf gelbes und rotes Tonpapier übertragen und ausschneiden. Jedes Fenster mit zwei Kerzen und einem Stern dekorieren.

Die Grundform an den Kleberändern zusammenkleben und die sechseckige Bodenfläche auf die Stege kleben. Die Stege am oberen Rand der Laterne überlappend zusammenkleben und mit Wäscheklammern fixieren.

Mit Aufhängelaschen aus Fotokarton und einem Drahtbügel wird aus der Tischlaterne eine Laterne für den Umzug.

Lichtertanz

Ist die Lichtermeditation leise und besinnlich, geht es bei einem Lichtertanz lebhafter zu. Die Kinder haben dabei viel Spaß und sind vom Licht fasziniert.

Handlichter

Material und Hilfsmittel

Fotokarton in Gelb; farbige Kerzenbecher; Haushaltskerzen. Bleistift; Schere; Silhouettenschere oder Papierschneidemesser; Lineal; Klebstoff.

Ausführung

Für jedes Handlicht nach den Vorlagen eine Sternenmanschette und fünf kleine Sterne aus gelbem Fotokarton ausschneiden. Die Ausschnitte mit der Silhouettenschere oder mit dem Papierschneidemesser schneiden.
Die kleinen Sterne auf die Becherwand kleben. Die Manschette am unteren Becherrand fixieren. Die Haushaltskerze von unten in die dafür vorgesehene Öffnung stecken.

Für den Lichtertanz wird eine große, freie Fläche gebraucht. Einfache, kurze Tanzlieder eignen sich am besten. Bei jedem Rhythmuswechsel ändert sich auch die Tanzform.
Die Kinder stehen im Kreis. Erklären Sie ihnen die Bewegungen, und spielen Sie alles ohne Kerzen einmal durch.
Jedes Kind hält sein Licht mit beiden Händen. Wenn die Musik beginnt, laufen alle Kinder im Uhrzeigersinn im Kreis. Alle strecken die rechte Hand mit der Kerze vorsichtig aus und laufen weiter. Dann halten die Kinder an, bleiben kurz stehen, laufen in entgegengesetzter Richtung im Kreis herum oder drehen sich um sich selbst.
Beim nächsten Wechsel laufen die Kinder zur Kreismitte und rückwärts wieder zurück, dabei wird das Handlicht hochgehalten.
Zum Schluß gehen die Kinder in die Hocke.

Anstelle der Handlichter können auch Umzugslaternen verwendet werden.

Aus dem Leben des Heiligen Martin

Zehn Geschichten und ein Singspiel

Martin von Tours ist ein großer Heiliger gewesen. Er war beim Volk beliebt wie wohl kaum ein anderer Heiliger außer dem Heiligen Nikolaus. Er hat – wie andere Heilige auch – sehr handfest und direkt in das Alltagsleben von verzweifelten, bedrohten und ausgestoßenen Menschen eingegriffen. Er ist mit seinem ganzen Leben Christus nachgefolgt. Paul Claudel hat einmal gesagt, die Heiligen seien Menschen, die in Jesu Fußstapfen getreten sind, doch jeder mit seiner eigenen Schuhgröße.
Wenn wir den Kindern von Sankt Martin erzählen wollen, fällt uns zunächst die Szene mit dem Bettler und der Mantelteilung ein. Aber es gibt noch viele andere Begebenheiten aus seinem Leben, die wir auch kleineren Kindern nahe bringen können. – Im Stuhlkreis können wir in den Wochen vor der Martinsfeier jeden Tag eine Geschichte aus seinem Leben erzählen. Da wird sich dann auch immer wieder Stoff für gemeinsame Gespräche ergeben.
In Zusammenhang mit den Martinsgeschichten können wir die Kinder schließlich zu weiteren Aktivitäten anregen: Die Kinder begleiten die Geschichten mit Orff-Instrumenten, sie stellen sie pantomimisch dar, sie malen Bilder, singen Martinslieder, essen gemeinsam Hörnchen oder Martinswecken.
Am Martinstag sind die Räume dann schön geschmückt. Und mit den selbstgemachten Laternen dürfen die Kinder am Martinsumzug teilnehmen.

Erste Geschichte

Unser Sohn soll Martin heißen

Vor vielen, vielen Jahren wurde Martin in einer kleinen Stadt in Ungarn geboren. Das war im Jahre 316 oder 317 nach Christi Geburt.
Sein Vater war ein römischer Hauptmann. Er trug ein scharfes Schwert, eine glänzende Rüstung und einen geschmückten Helm. Viele Soldaten mußten ihm gehorchen.
Oft ritt der Vater zum Kampfe fort. Dann kam er lange Zeit nicht nach Hause.
„Unser Sohn soll Martin heißen", hatte der Vater gesagt. „Nach dem Kriegsgott Mars wollen wir ihn nennen. Er soll ein tüchtiger Krieger werden."

Zweite Geschichte

Martin und seine Freunde

Der kleine Martin spielt oft mit anderen Kindern draußen auf den Wiesen und Feldern.
Aber wenn die Jungen ihre Holzgewehre holen, geht er still zur Seite.
An den warmen Sommertagen legt er sich tief ins hohe Gras. Er läßt die Käfer über seine Hand krabbeln. Er freut sich an dem Summen der Bienen, an dem Flattern der bunten Schmetterlinge und an dem Singen der Vögel. Und er entdeckt lauschende Hasenohren im Klee.
Ein Freund nimmt Martin eines Tages mit in ein kleines Haus am Stadtrand. Dort sitzen viele Menschen eng beieinander.
Martin hört, daß diese Menschen sich Christen nennen. Sie haben einen mächtigen Herrn. Das ist Jesus Christus.
„Der ist mächtiger als der Kaiser!" sagt Martins Freund. „Er ist mächtiger als Tod und Teufel. Er hilft den Menschen, ein neues Leben zu führen. Schau mal, die Leute hier teilen alles miteinander. Sie gehen zu den Armen und Kranken und helfen ihnen. Sie wollen keine Kriege führen. Sie

wollen Frieden schaffen in der Welt." Martin erzählt alles seiner Mutter weiter.
Aber die Mutter sagt: „Sprich nicht mit Vater darüber. Er will doch, daß du ein Krieger wirst!"

Martin, Sankt Martin

Wir singen

(nach der Melodie des alten Volksliedes „Martin, Sankt Martin")

1. Martin, Sankt Martin,
du warst ein starker Kriegersmann,
du zogst des Kaisers Rüstung an.
Doch Gott weist dir die rechte Bahn,
du zeigst uns, wie man helfen kann.

2. Martin, Sankt Martin,
du warst ein starker Kriegersmann,
du zogst die schwere Rüstung an.
Doch wolltest du nicht Krieg noch Tod,
du halfst den Menschen in der Not.

Dritte Geschichte

Martin und der Bettler

Der Winter ist über Frankreich hereingebrochen. Eis und Schnee bedecken das Land.
Martin reitet mit seinen Soldaten auf ein Stadttor zu. Sie sind froh, daß sie sich bald im Gasthof wärmen können. Am Stadttor stehen die Wächter. Sie schlagen die Arme um den Körper, so kalt ist es. Sie stampfen mit den Füßen auf. Da sieht Martin einen Bettler am Weg hocken.
„Reitet voraus!" ruft er seinen Soldaten zu.

Der Bettler hat nur ein paar Lumpen umgeschlungen. Er hat keine Schuhe an. Brust und Arme sind nackt. Er sieht halb verhungert aus.
Martin greift in die Tasche. Er hat nur noch ein paar Münzen. Das reicht gerade für ein Abendessen. Da springt er von seinem Pferd. Er zieht sein Schwert und teilt den roten Rittermantel mitten durch. Mit der einen Hälfte hüllt er den Bettler ein. Er läßt ein paar Münzen in seine Hand gleiten.
„Laß dir eine warme Mahlzeit geben", sagt Martin.
Dann reitet er durch das Stadttor seinen Soldaten nach.

Wir singen

3. Martin, Sankt Martin,
du bist ein tapfrer Gottesmann,
du zeigst uns, wie man teilen kann.
Des Bettlers Klage traf dein Ohr,
du halfst dem Armen dort am Tor.

Martin und der Bettler

Mit diesen Figuren können die Kinder die Legende von der Mantelteilung nachspielen und vertiefen. Mit wenig Aufwand läßt sich eine kleine Kulisse auf dem Tisch aufbauen. Die Stadt und die Stadtmauer werden mit Bauklötzen errichtet. Das umliegende Land wird mit Sand oder Erde angedeutet, Kiefernzapfen stellen Bäume dar.

Spielfiguren

Material und Hilfsmittel

Sankt Martin: Fingerpuppenrohling aus Holz oder gepreßter Watte, ca. 7 cm hoch; Rest von hellbraunem Webpelz; Filz in Rot und Dunkelbraun; Filzreste in Grau und Hellbraun; Kartonrest, silberfarben beschichtet; Rest Goldkordel.
Bettler: Fingerpuppenrohling aus Holz oder gepreßter Watte, ca. 7 cm hoch; Pfeifenputzer in beliebiger Farbe; Filz in Hellgrau, Rosa und Dunkelbraun; Filzrest in Hellbraun; Nähgarn in Braun.
Pferd: Kleine Pappschachtel von Medikamenten (z.B. 9 x 4 x 3 cm); Filz in Graubraun, Hell- und Dunkelbraun; schwarzer Webpelz; etwas Füllmaterial für den Hals, z.B. Watte; Tonpapier in Braun; Nähgarn in Grau.
Bleistift; Schere; Schneiderkreide; Nähnadel; Klebstoff.

Ausführung

Sankt Martin: Den Körper mit braunem Filz, den Kopf mit einem Stück Webpelz bekleben. Das Hemd nach der Vorlage aus rotem Filz ausschneiden, wie angegeben falten und die aus hellbraunem Filz geschnittenen Hände einkleben. Das Hemd am Rücken der Figur befestigen. Den Mantel nach der Vorlage ausschneiden und am Hemd festkleben.
Das Schwert aus silberfarben beschichtetem Karton schneiden. Der Figur eine dünne Goldkordel als Gürtel umbinden und das Schwert mit einfassen.
Den Helm aus grauem Filz zuschneiden, an der Rückseite mit einigen Heftstichen zusammenfassen. Mit etwas Klebstoff auf dem Kopf fixieren.

Bettler: Den Körper mit rosafarbenem Filz, den Kopf mit einem Stück Webpelz bekleben. Mantel und Ärmel nach den Vorlagen aus grauem Filz zuschneiden. Einen 10 cm langen Pfeifenputzer in die Ärmelform einlegen, den Filzstreifen zusammenlegen, die offenen Seiten zusammenkleben und dabei die aus hellbraunem Filz geschnittenen Hände gleich mit einfassen. Die Ärmel um die Figur legen und festkleben. Den Mantel am Kragenansatz befestigen. Aus braunem Filz einen Schal schneiden und umbinden. Für den Hut einen Kreis mit 5 cm Durchmesser aus braunem Filz zuschneiden, rundherum mit Heftstichen einfassen, den Faden etwas zusammenziehen und die Enden verknoten.

Pferd: Die Pappschachtel mit braunem Filz verkleiden, z.B. wie man ein Geschenk in Papier einschlägt. Die Kanten überlappend zusammenkleben.
Für Kopf und Hals ein Stück Filz 9 x 11 cm zuschneiden und der Länge nach röhrenförmig zusammenkleben. Eine der beiden Öffnungen mit Heftstichen einfassen, den Faden zusammenziehen und die Enden verknoten. Mit Watte nicht zu fest ausstopfen. Das geschlossene Ende nach 5 cm einknicken, die Knickstelle mit Heftstichen fixieren. Ohren,

Augen und Zügel aus Filz, die Mähne aus schwarzem Webpelz ausschneiden und am Kopf befestigen.
Die Pferdebeine nach der Vorlage zuschneiden und an den eingezeichneten Kleberändern röhrenförmig zusammenkleben.

Vier Streifen Tonpapier 5 x 6 cm zuschneiden und zur Verstärkung gerollt in die Filzröhren einkleben. Die fertigen Beinpaare über die Schachtel legen und fixieren.
Den Pferdeschwanz aus Webpelz festkleben.

Vierte Geschichte

Martin läßt sich taufen

Martin liegt auf seinem harten Feldlager.
Im Traum sieht er den auferstandenen Herrn vor sich, gehüllt in den roten Mantelteil. Ein heller Lichtschein umgibt ihn. Engel stehen an seiner Seite.
Und Martin hört eine Stimme: „Was du für diesen armen Menschen getan hast, das hast du für mich getan, für deinen Herrn Jesus Christus. Du sollst ganz zu mir gehören. Geh hin und laß dich taufen!"
Am nächsten Morgen geht Martin zum Bischof der Stadt und läßt sich taufen.
Viele Christen sind dabei. Sie freuen sich, daß der fremde Ritter nun ganz zu ihnen gehören wird.

Wir singen

4. Martin, Sankt Martin,
du hast nun einen neuen Herrn.
Du folgst ihm, und du dienst ihm gern.
Du bist ein tapfrer Gottesmann,
du zeigst uns, wie man helfen kann.

Fünfte Geschichte

Martin gibt sein Schwert ab

Der Kaiser Julian will gegen die Germanen kämpfen. Dafür braucht er zuverlässige und tapfere Soldaten.
Er läßt den Ritter Martin zu sich rufen.
„Morgen ziehst du mit mir in den Kampf. Unsere Feinde haben ein großes Heer", sagt der Kaiser zu Martin. Dann gibt er ihm einen Beutel mit Goldmünzen.
Aber Martin nimmt das Gold nicht an. Er zieht das Schwert und reicht es dem Kaiser.
„Ich kann nicht mehr für Euch kämpfen", sagt Martin. „Ich diene einem anderen, größeren Herrn. Ich will für Christus kämpfen!"
Da wird der Kaiser zornig. „Du bist feige!" schreit er. „Du willst dich vor dem Kampf drücken!"
„Nein!" ruft Martin. „Ich will ohne Schwert im Namen meines Gottes in der vordersten Reihe stehen. Und Gott wird mit mir sein!"
„In den Kerker mit dir!" schreit der Kaiser zornig.
Da wird ihm ein Bote der Germanen gemeldet. Sie wollen sich freiwillig, ohne Kampf unterwerfen.
Nun erlaubt der Kaiser, daß der Ritter Martin aus dem Heer ausscheidet. Martin ist ganz frei für Gott.

Wir singen

5. Martin, Sankt Martin,
du liebst nicht Macht und große Ehr,
du dienst dem Kaiser nimmermehr.
Du zogest deine Rüstung aus,
du kehrtest heim ins Elternhaus.

Sechste Geschichte

Martin und die Räuber

Martin geht zum Bischof Hilarius und wird sein Schüler. Er lernt immer mehr über die frohe Botschaft von Jesus Christus.
Martin möchte, daß auch seine Eltern zu Christus gehören. Darum zieht er den weiten Weg von Frankreich über die Alpen zurück nach Ungarn.
Auf den verschneiten Pfaden ver-

irrt er sich. Plötzlich hört er Stimmen. Wilde Räuber überfallen ihn und rauben ihn aus. Sie bringen Martin in eine Höhle und fesseln ihn. Der Anführer wundert sich, daß der Gefangene gar keine Angst zeigt.
„Ich fühle, daß Gott mich schützt", sagt Martin. „Ich bin Christ."
„Was ist das – ein Christ?" fragen die Räuber.
Da erzählt ihnen Martin von der frohen Botschaft. „Christus hilft den Armen und Schwachen. Er liebt alle Menschen – auch euch, die ihr Böses tut!"
„Laßt ihn laufen", sagt der Anführer. „Geh zurück zu deinen Eltern und bete für uns."
So erreicht Martin seine Heimatstadt.
Seine Mutter läßt sich taufen. Aber der Vater will nichts von der frohen Botschaft hören.

Wir singen

6. Martin, Sankt Martin,
es schützt dich stets der große Gott,
er steht dir bei in deiner Not.
Du lernst uns helfen jedermann.
Sankt Martin, du ziehst uns voran.

Siebte Geschichte

Martin und die ersten Mönche

Martin zieht wieder zurück nach Frankreich. So hat er es dem Bischof versprochen.
Der Bischof sagt zu ihm: „Du solltest hier eine einfache Hütte bauen. Darin kannst du in Ruhe leben, an Gott denken und die Worte der Heiligen Schrift lesen."
In der Stille betet Martin für seine Brüder, für alle Menschen auf der Erde.
Es finden sich immer mehr Männer ein, die mit ihm zusammen in kleinen Hütten ein einfaches Leben führen wollen. Das sind die ersten Mönche. Sie lesen gemeinsam die Bibel und helfen Armen und Kranken.
Allmählich wird überall in den Dörfern und Städten bekannt, daß Martin Menschen und Tiere liebt. Er treibt böse Geister aus, er heilt Kranke.
Als der Bischof von Tours gestorben ist, wollen die Menschen Martin zum neuen Bischof wählen. Aber Martin sitzt lieber auf einem kleinen harten Hocker als auf einem prächtigen Bischofsstuhl. Er möchte ein bescheidenes, demütiges Leben für Gott führen.

Wir singen

7. Martin, Sankt Martin,
du lebst bescheiden und allein,
du willst nicht gerne Bischof sein.
Du kennst der Menschen große Not
und hilfst, wie Gott es uns gebot.

Häuser und Kirche

Material und Hilfsmittel

Häuserreihe: Fotokarton in Dunkelblau; Reste von Transparentpapier in Rot, Gelb, Blau und Violett; Teelichter.
Kirche: Tonpapier in Hautfarbe; Reste von Tonpapier in Dunkelrot und Hellbraun; Reste von Transparentpapier in Gelb, Rot, Violett, Grün und Orange.
Papierschere; Papierschneidemesser; Bleistift; Lineal; Falzbein; Klebstoff.

Ausführung

Häuserreihe: Die Häuser vom Vorlagenbogen auf dunkelblauen Fotokarton übertragen und ausschneiden. Die Fenster und Türen mit Lineal und Papierschneidemesser ausschneiden. Die Ausschnitte mit farbigem Transparentpapier hinterkleben.
Die Faltlinien mit dem Falzbein vorfalzen: Das Lineal an die Linie anlegen und das Falzbein an der Kante des Lineals mit leichtem Druck entlangführen. So wird das Papier leicht angeritzt, und beim Falten entstehen glatte Falzkanten. Die Häuserreihe wie eine Ziehharmonika falten.
Die kleine Stadt auf die Fensterbank stellen und mit Teelichtern beleuchten. Auf genügend Abstand zu den Flammen achten und die Kerzen nie unbeaufsichtigt brennen lassen.

Kirche: Die Kirche und die Sterne nach den Vorlagen aus Tonpapier ausschneiden. Die Ausschnitte mit dem Papierschneidemesser ausführen, bei geraden Schnitten das Lineal zu Hilfe nehmen. Alle Ausschnitte mit farbigem Transparentpapier hinterkleben, für die auf einer Etage liegenden Fenster die gleiche Farbe verwenden.
Fensterbänke und die Stufe vor dem Portal mit hellbraunen Tonpapierstreifen andeuten.
Das Dach des Mittelschiffs und die Dächer der Seitenschiffe mit roten Tonpapierstreifen bekleben.

Achte Geschichte

Martin im Gänsestall

Martin ist auf dem Weg zu einem kranken Menschen in einem kleinen Dorf.
Da sieht er eine große Schar Menschen kommen. Die heben die Arme und rufen: „Martin! Martin! Du sollst unser neuer Bischof sein. Nur du allein bist würdig und gerecht und von Gott ausersehen!"
Aber Martin flieht vor den Menschen. Er versteckt sich in einem leeren Gänsestall. Er will keine Ehre und keine Macht. In der Stille will er seinem Herrn dienen.
Die Menschen suchen vergebens nach ihm.
Am Abend werden die Gänse von der Weide zurückgetrieben. Sie finden ihren Stall besetzt und fangen laut an zu schnattern.
Als die Menschen dem Lärm nachgehen, entdecken sie den Mönch, den sie als Bischof haben wollen. Feierlich geleiten sie ihn in die Stadt. Alle Glocken läuten, als Martin zum Bischof gewählt wird.

Wir singen

8. Martin, Sankt Martin,
wir zünden für dich Lichter an,
daß jedermann es sehen kann.
Sankt Martin war ein Gottesmann,
der uns das Teilen lehren kann.

Neunte Geschichte

Martin unter der Eiche

Als Bischof baut Martin ein Kloster. Jetzt können viele Mönche bei ihm sein. Er zieht mit ihnen durch das Land und verkündet die frohe Botschaft von Jesus Christus.
Die Menschen lieben ihn und hören ihm gerne zu, wenn er in seinem einfachen grauen Gewand zu ihnen spricht.
Viele Wundertaten berichten sie von ihm. Sie erzählen, daß er im Namen Jesu Kranke gesund gemacht und Tote auferweckt hat.
Eines Tages will Martin in einem Dorf eine riesige Eiche fällen lassen. Denn die ist bösen Dämonen geweiht.
Der Priester der Heiden kommt und sagt zu Martin: „Der Baum gehört unseren Göttern. Meinst du, daß du stärker bist als sie?"
Martin antwortet: „Nicht ich, sondern mein Gott ist stärker als eure Götter."
„Dann setz dich auf den Boden!" ruft der Priester der Heiden. „Wir wollen den Baum umhauen. Er soll auf dich herunterfallen. Wenn er dich erschlägt, sind unsere Götter stärker! Wenn du unverletzt bleibst, hat dein Gott gesiegt."
Martin kauert sich auf den Boden und läßt sich fesseln. Seine Begleiter sind entsetzt.
Schon kracht der riesige Baum und fällt.
Da schlägt Martin ein Kreuz.
Wie von einem Wirbelsturm erfaßt, wird der Baum zur Seite geworfen und stürzt auf die andere Seite nieder.
„Dein Gott ist stärker!" rufen die Heiden.
Viele bekehren sich zu Gott.

Zehnte Geschichte

Lichter für Sankt Martin

Als Martin achtzig Jahre alt ist, fühlt er, daß er sterben muß.
Die Freunde wollen ihn in ein weiches Bett legen. Aber er ruht auf einem harten Sack und betet. Sein Angesicht leuchtet, als er stirbt.
Das geschah am 8. November im Jahre 397.
In der französischen Stadt Tours wurde er begraben. Über seinem Grab wurde später ein großer Dom gebaut. Viele Menschen haben dorthin eine Wallfahrt gemacht.
Martin hat einmal gesagt: „Ich möchte ein Licht sein, das allen leuchtet." So zünden wir am elften November, dem Tag, an dem Martin heilig gesprochen wurde, die Lichter unserer Laternen an. Und wir ziehen singend durch die dunklen Straßen. Zu Ehren des Sankt Martin, eines großen, mutigen Heiligen.

Martin, Sankt Martin

Wir singen

*(vollständiger Text des Martinsliedes –
nach der Melodie des alten Volksliedes „Martin, Sankt Martin")*

*1. Martin, Sankt Martin,
du warst ein starker Kriegersmann,
du zogst des Kaisers Rüstung an.
Doch Gott weist dir die rechte Bahn,
du zeigst uns, wie man helfen kann.*

*2. Martin, Sankt Martin,
du warst ein starker Kriegersmann,
du zogst die schwere Rüstung an.
Doch wolltest du nicht Krieg noch Tod,
du halfst den Menschen in der Not.*

*3. Martin, Sankt Martin,
du bist ein tapfrer Gottesmann,
du zeigst uns, wie man teilen kann.
Des Bettlers Klage traf dein Ohr,
du halfst dem Armen dort am Tor.*

*4. Martin, Sankt Martin,
du hast nun einen neuen Herrn.
Du folgst ihm, und du dienst ihm gern.
Du bist ein tapfrer Gottesmann,
du zeigst uns, wie man helfen kann.*

*5. Martin, Sankt Martin,
du liebst nicht Macht und große Ehr,
du dienst dem Kaiser nimmermehr.
Du zogest deine Rüstung aus,
du kehrtest heim ins Elternhaus.*

*6. Martin, Sankt Martin,
es schützt dich stets der große Gott,
er steht dir bei in deiner Not.
Du lernst uns helfen jedermann.
Sankt Martin, du ziehst uns voran.*

*7. Martin, Sankt Martin,
du lebst bescheiden und allein,
du willst nicht gerne Bischof sein.
Du kennst der Menschen große Not
und hilfst, wie Gott es uns gebot.*

*8. Martin, Sankt Martin,
wir zünden für dich Lichter an,
daß jedermann es sehen kann.
Sankt Martin war ein Gottesmann,
der uns das Teilen lehren kann.*

Martin im Gänsestall Fingerpuppen

Die Legende von Seite 22 läßt sich auch als Fingerspiel mit verteilten Rollen frei umsetzen. Die Fingerpuppen werden gemeinsam mit den Kindern gebastelt.

Material und Hilfsmittel

Reste von grauer Wellpappe; kleine, quadratische Schachtel, z.B. mit den Bodenmaßen 15 x 15 cm; Schaschlikspieße; Tonpapier in Weiß; Reste von Tonpapier in Gelb, Blau, Braun und Rot; weiße Federn; Fingerpuppenrohling aus Holz oder gepreßter Watte, ca. 7 cm hoch; Reste von Filz in Beige und Dunkelbraun; Rest von grauem Webpelz.
Bleistift; Filzstifte in Schwarz und Orange; Klebstoff; Schere.

Ausführung

Gänsestall: Den Schachtelboden von der Schachtel abtrennen und dabei nur etwa 1,5 cm Rand stehenlassen. Den Schachtelrand mit einem 2 cm breiten Wellpappestreifen verkleiden.
Die Schaschlikspieße halbieren, ein Ende mit Klebstoff bestreichen und in die Öffnungen der Wellpappe stecken. Einen 1 cm breiten Wellpappestreifen als oberen Abschluß des Gänsestalls auf die Schaschlikspieße kleben.

Gänse: Die Gänse nach der Vorlage ausschneiden, Federn und Schnäbel aufkleben. Augen und Füße mit Filzstift aufmalen.
Die Gänse haben eine röhrenförmige Halterung auf der Rückseite. Dafür Tonpapierstreifen zusammenkleben. Die Klebestelle mit einer Wäscheklammer fixieren. Nach dem Trocknen auf der Rückseite der Gänse anbringen.

Sankt Martin: Die Kleidung nach den Vorlagen aus Filz ausschneiden, um den Fingerpuppenrohling legen und festkleben. Die Haare aus Webpelz schneiden und aufkleben. Mit dem Bürolocher Papierpunkte für Augen, Nase und Mund aus Tonpapierresten stanzen. Den Mund halbrund anschneiden und die Punkte aufkleben.

Ein Kind hält den Gänsestall in der Hand, oder es steht auf dem Tisch oder auf dem Boden innerhalb des Stuhlkreises. Ein weiteres Kind spielt den Heiligen Martin. Mehrere Kinder haben Gänsefingerpuppen. Einige Kinder setzen sich Fingerpuppenrohlinge auf die Hände, sie spielen die Leute, die nach Martin suchen. Die Gänse verhalten sich ruhig und picken Futter. Martin versteckt sich in der Nähe des Stalls, während die Leute überall nach ihm suchen, z.B. unter dem Tisch, hinter den Stühlen usw . . . Plötzlich fangen die Gänse an, aufgeregt zu schnattern. Die Leute werden aufmerksam und entdecken Martin. Sie freuen sich und führen ihn in ihrer Mitte weg.

Martinsgänse

Material und Hilfsmittel

Gebäckschale: Käseschachtel mit z.B. 19 cm Durchmesser; Rest von Bastelwellpappe in Grün; Fotokarton in Weiß und Dunkelbraun; Reste von Tonpapier in Rot und Schwarz; Rest von Seidenpapier in Weiß.
Reihenschnitt: Reste von Tonpapier in Hell- und Dunkelgrün; Tonpapier in Weiß; dünne Filzstifte in Rot und Schwarz.
Bleistift; Schere; Lineal; Bürolocher; Klebstoff; Wäscheklammern.

Ausführung

Gebäckschale: Die Käseschachtel mit grüner Bastelwellpappe verkleiden. Die Teile des Zauns nach der Vorlage ausschneiden, zusammenkleben und an der inneren Schachtelwand anbringen. Die Gänse nach der Vorlage ausschneiden. Die Flügel vorsichtig über die Scherenkante ziehen, damit sie sich leicht rollen und ankleben. Schwarze Papierpunkte für die Augen stanzen. Schnabel und Füße aus rotem Tonpapier schneiden, die Füße auf der Rückseite der Gänse festkleben. Die Gänse am Zaun befestigen und den Boden der Schachtel mit Seidenpapier auslegen.

Reihenschnitt: Zwei 19,5 cm lange und 7 cm breite Papierstreifen zuschneiden. Die Streifen wie eine Ziehharmonika falten, ein Abschnitt sollte 6,5 cm breit sein. Die Gans vom Vorlagenbogen auf die Deckblätter übertragen und jeweils alle Lagen zusammen ausschneiden. Verbindungsstellen an den Falzkanten stehenlassen! Augen, Schnäbel und Füße mit Filzstiften aufmalen.
Die beiden Grasstreifen nach den Vorlagen ausschneiden und an den Faltlinien falten. Die Gänse auf den glatten, hellgrünen Streifen kleben, den dunkelgrünen Grasstreifen darüberkleben.

Gebäck

Zutaten

500 g Mehl; 250 g Butter; 140 – 160 g Zucker; 1 Ei; 1 Päckchen Vanillinzucker; 1 Eigelb zum Bestreichen; Fett oder Backpapier fürs Blech.

Außerdem

Von der Gans eine nach der Vorlage ausgeschnittene Kartonschablone.

Zubereitung

Alle Zutaten schnell zu einem Teig kneten und ca. eine halbe Stunde kühl stellen. Danach auf bemehlter Arbeitsfläche dünn ausrollen. Die Sterne mit einer Ausstechform ausstechen. Die Schablone der Gans auf den Teig legen und die Umrisse mit einem Messer oder einem Teigrädchen ausschneiden. Auf das gefettete oder mit Backpapier ausgelegte Backblech legen. Mit verquirltem Eigelb bestreichen und im vorgeheizten Backofen bei 190 Grad 25–30 Minuten backen.

Kathedrale

Fensterbild

Die Kinder haben in der Geschichte von Seite 22 gehört, daß über dem Grab von Sankt Martin in Tours ein großer Dom gebaut wurde. Diese Kirche entwickelte sich schon bald nach ihrem Bau im 11. Jahrhundert zu einer beliebten Wallfahrtskirche, sie wurde aber leider während der französischen Revolution abgerissen. Um den Kindern den Unterschied zwischen einer kleinen Pfarrkirche und einer Bischofskirche (Kathedrale, Dom oder Münster) zu verdeutlichen, bietet sich der Besuch in der nächstgelegenen Kathedrale an. Die Kinder werden von der Größe und der Atmosphäre beeindruckt sein. Vielleicht gibt es in dieser Kirche auch eine Darstellung des Heiligen Martin auf Glasfenstern und Wandgemälden oder als Skulptur. Sankt Martin war stets ein sehr beliebter Heiliger und wurde oft dargestellt. Am häufigsten wurde er als junger Soldat wiedergegeben, der einem Bettler die Hälfte seines Mantels schenkt.

Material und Hilfsmittel

Tonpapier in Beige und Hellbraun; Transparentpapier in Rot, Grün und Violett; Regenbogen-Transparentpapier.
Papierschere; Papierschneidemesser; Bleistift; Lineal; Klebstoff.

Ausführung

Die Umrisse der Kathedrale vom Vorlagenbogen auf beigefarbenes Tonpapier übertragen und ausschneiden. Die Ausschnitte mit dem Papierschneidemesser ausführen, bei geraden Schnitte das Lineal zu Hilfe nehmen. Alle Ausschnitte mit farbigem Transparentpapier hinterkleben, für den Bereich der Apsis (Mitte) Regenbogen-Transparentpapier verwenden. Fensterbänke und Friese mit hellbraunen Tonpapierstreifen andeuten. Die Dächer ebenfalls aus hellbraunem Tonpapier gestalten.

Der Bettler in der Winternacht

Ein Singspiel

Dieses Spiel ist bereits für Gruppen im Kindergartenalter geeignet. Hier gibt es nur wenig Text zu lernen. Gemeinsam gesungene Lieder mit bekannten Melodien führen die Handlung weiter. Zu Anfang kommen die Kinder mit ihren angezündeten Laternen singend vorbeigezogen. Das erste Lied führt in die winterliche Stimmung ein (nach der Melodie des gleichnamigen alten Liedes).

Kinder:

Laterne, Laterne,
Sonne, Mond und Sterne.
Unsre Welt wird weiß,
soviel Schnee und Eis.
Heute nacht, da wird's gefrieren.

Laterne, Laterne,
Sonne, Mond und Sterne.
Soviel Eis und Schnee
tun den Tieren so weh.
Heute nacht, da wird's gefrieren.

Die Kinder setzen sich im Halbkreis zusammen. Sie pusten ihre Laterne aus.
Ein Bettler kommt langsam angehumpelt. Schwer stützt er sich auf seinen Stock. Er klopft mit dem Bettelstab an verschiedenen Türen an.

Bettler: Der Wind heult durch den Winterwald,
ich bin so arm, mir ist so kalt.
So geh' ich in die Nacht hinaus.
Ach, öffnet mir doch euer Haus!
Ich klopfe an die erste Tür,
ach, helft dem armen Bettler hier!

1. Mann/Frau: Nein, nein, nein,
hier kommst du nicht herein!

Bettler: Ich klopfe an die zweite Tür,
ach, helft dem armen Bettler hier!

2. Mann/Frau: Nein, ich brauche meine Ruh,
diese Tür bleibt zu!

Bettler: Ich klopfe an die dritte Tür,
ach, helft dem armen Bettler hier!
3. Mann/Frau: Leider ich nicht öffnen kann,
zieh nur weiter, Bettelmann!

Bettler: Ich klopfe an die vierte Tür,
ach, helft dem armen Bettler hier!

4. Mann/Frau: Nein, ich brauche meine Ruh,
diese Tür bleibt zu!

Bettler: Ich klopfe an die fünfte Tür,
ach, helft dem armen Bettler hier!

5. Mann/Frau: Zieh nur weiter und schweig still,
so geht's, wenn man nicht arbeiten will!

Der Bettler kauert sich frierend nieder, die Arme um den Körper geschlungen.
Die Kinder singen (nach der Melodie „Sankt Martin ritt durch Schnee und Wind").

Kinder:

Wer sitzt dort, wer sitzt dort?
Da sitzt ein armer Bettelmann,
der hat nicht Schuh' noch Kleider an.
Wer wird ihm helfen in der Not?
Wer hat wohl Mitleid, gibt ihm Brot?

Mit Holzblockinstrumenten kann fernes Pferdegetrappel erzeugt werden.

Was hör' ich, was hör' ich?
Wer reitet aus der Ferne her?
Es dröhnen Hufe laut und schwer.
Das ist ein tapfrer Kriegersmann,
der hält sein Pferd beim Bettler an.

Das „Pferdegetrappel" hört auf. Martin kommt in den Halbkreis.

Sankt Martin, Sankt Martin,
er steigt herab von seinem Pferd
und teilt den Mantel mit dem Schwert.
Noch eh' der Arme danken kann,
da reitet fort der gute Mann.

Martin, Sankt Martin,
wir zünden die Laternen an,
wir grüßen dich, du Gottesmann.
Und fegt der Wind so kalt ums Haus,
wir tragen unser Licht hinaus.

Die Kinder zünden die Laternen wieder an. Martin setzt sich an die Spitze des Zuges. Die Kinder ziehen in weitem Bogen durch den Raum. Der Bettler geht am Schluß mit.
Dieses Spiel kann der Beginn eines großen Martinszuges durch die Straßen sein.

Kostüme

Material und Hilfsmittel

Soldatenhelm: Karton, silberfarben beschichtet; Kreppapier in Rot; feste Bordüre in Rot, 2,5 cm breit und 84 cm lang; rote Kordel, ca. 88 cm lang.
Teilbarer Mantel: Zeichenkarton; roter Jerseystoff, ca. 360 x 90 cm oder 240 x 150 cm (für jede Hälfte ca. 150 cm); Klettband 20 cm lang, Nähseide in Rot; Knöpfe (hier mit Kettchen).
Schwert: Karton, silberfarben beschichtet.
Hemd des Bettlers: Stoffrest in beliebiger Farbe, ca. 140 x 100 cm; Stoffreste für Flicken; Reste von Baumwollgarn.
Hut: Filz und Nähgarn in Braun.
Bleistift; Schere; Klebstoff; Kraftkleber oder Niedertemperatur-Klebepistole; Wäscheklammern zum Fixieren; Nähnadel; Stopfnadel; Stecknadeln; Heftfaden; Schneiderkreide; Nähmaschine.

Ausführung

Soldatenhelm: Den Helm nach der Vorlage aus silberfarbenem Karton ausschneiden und wie angegeben einschneiden. Die Einschnitte der Reihe nach überlappend zusammenkleben, in der Mitte beginnen. Das geht am besten im Kontaktklebeverfahren (siehe Seite 7) oder mit der Klebepistole. Zuletzt die Seiten zusammenfügen.
Für den Helmbusch zwei 44 cm lange und 24 cm breite Streifen Kreppapier zuschneiden. An den Längskanten jedes Streifens 1 cm breite Kleberänder falten. Die Streifen der Länge nach in der Mitte zusammenlegen, aber nicht falten. Von der geschlossenen Seite her alle 2 cm jeweils 8 cm tief einschneiden.
Die Kreppapierstreifen an den Rändern aufeinanderkleben und auf den Helm kleben. Die Bordüre zu beiden Seiten aufkleben (Kontaktklebeverfahren oder Klebepistole). Die Bordüre mit der roten Kordel einfassen.
Falls der Helm etwas zu groß sein sollte, ein Stück Schaumstoff einkleben.

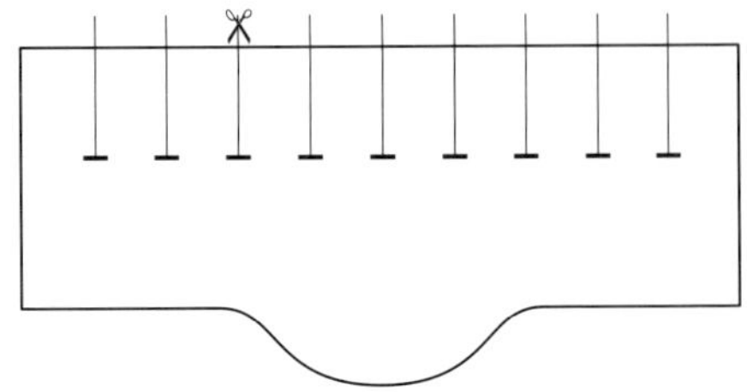

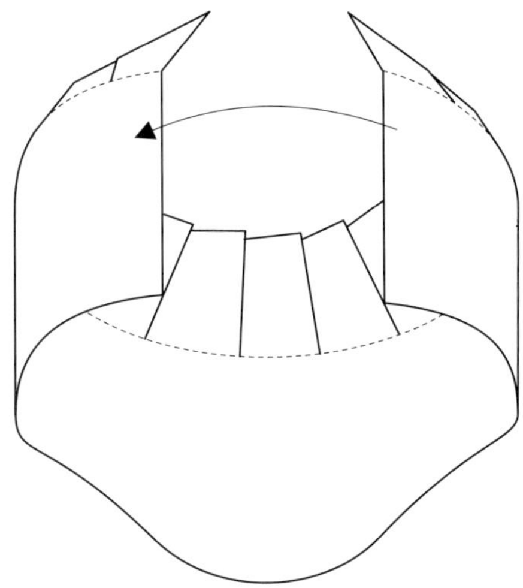

Das Schwert nach der Vorlage aus silberfarbenem Karton ausschneiden.

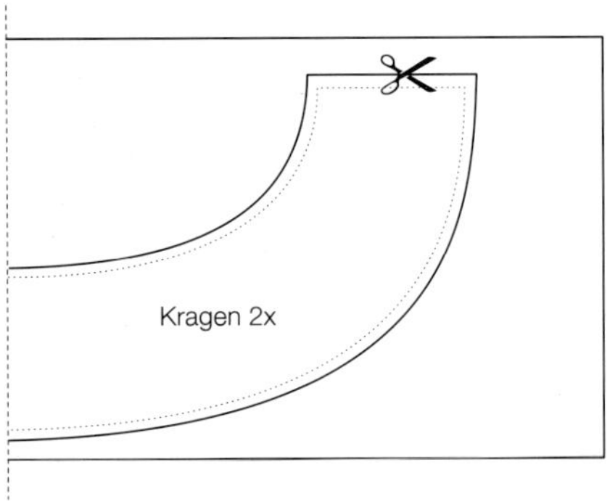

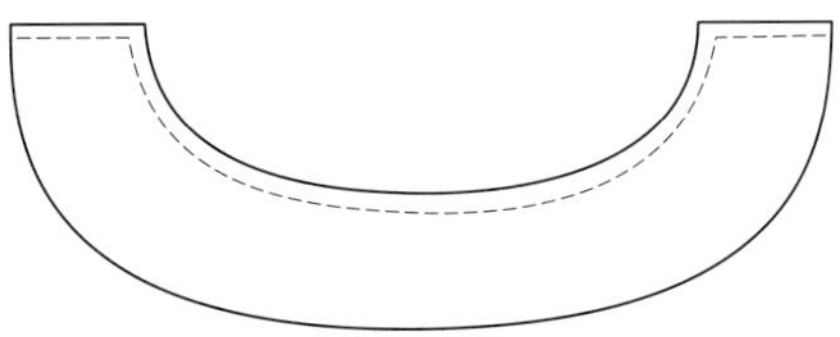

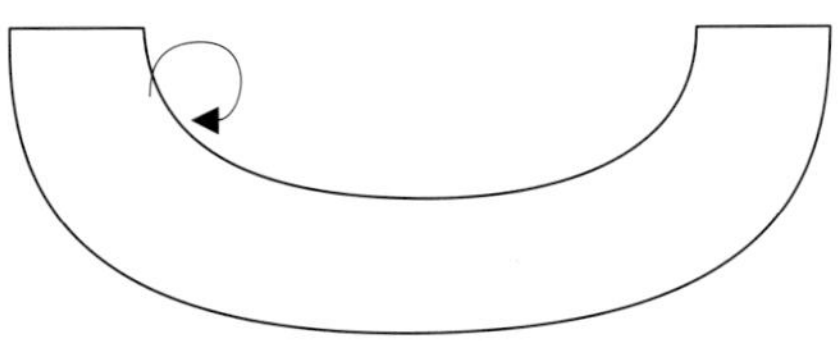

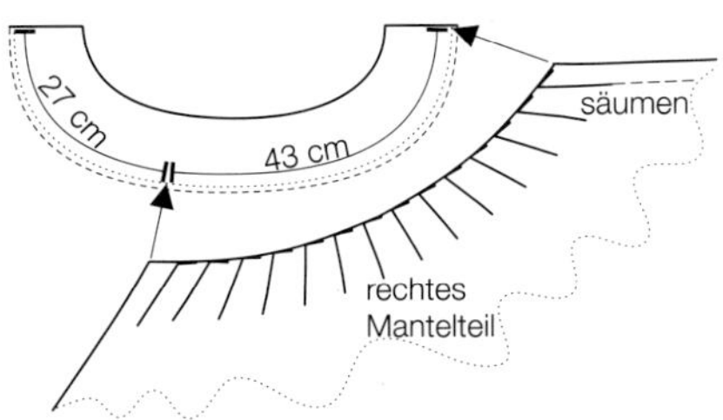

Mantel: Die Mantelhälften jeweils 150 x 90 cm zuschneiden. Den übrigen Stoff für den Kragen verwenden: Nach der Vorlage eine Kartonschablone anfertigen. Den Stoff falten, die Kragenmitte an die geschlossene Stoffseite legen (Zeichnung 1), mit Schneiderkreide umfahren und mit ca. 2 cm Nahtzugabe zweimal ausschneiden. Die Seitennähte und die Halskante mit der Nähmaschine ca. 1 cm von der Kante entfernt steppen (Zeichnung 2). Kragen wenden (Zeichnung 3) und zur Seite legen.

Beide Mantelteile seitlich und unten ca. 4 cm breit säumen. Die Mantelhälfte, die an den Kragen genäht wird, an der oberen Kante in 14 Falten auf ca. 43 cm Breite legen und mit Stecknadeln feststecken. Dieses Teil an der rechten Kragenseite mit Heftstichen festheften. Dabei die Kragenrundung an beiden Seiten ca. 1 cm nach innen schlagen. Die linke Kragenseite ebenfalls mit Heftstichen zusammenheften. Den Kragen und die Mantelhälfte mit der Nähmaschine zusammensteppen (Zeichnung 4).

Die andere Mantelhälfte in ca. 12 Falten legen und feststecken. Einen Stoffstreifen mit 42 x 9 cm zuschneiden. Den Streifen der Länge nach falten, das Mantelteil einlegen, die Stoffkanten des Streifens 1 cm einschlagen und mit Heftstichen zusammenheften. Die Seitenkanten und die Unterkante des Streifens mit der Nähmaschine steppen (Zeichnung 5).

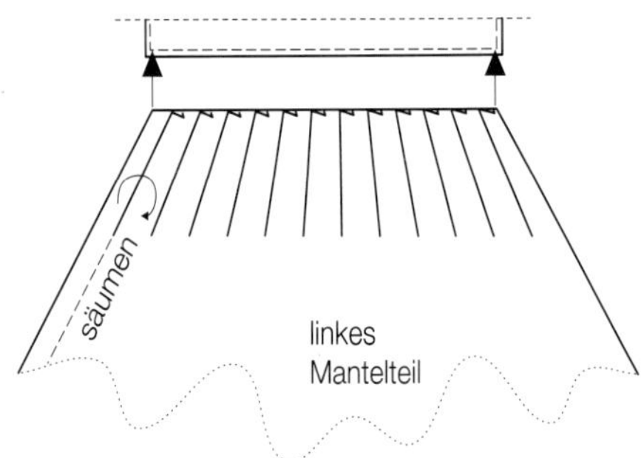

An der Krageninnenseite in der Mitte beginnend 2,5 cm breite Klettbandabschnitte von Hand annähen. Entsprechende Abschnitte passgenau auch am Mantelteil anbringen. Zum Schluß Knopflöcher nähen und die Knöpfe befestigen.

Hemd des Bettlers: Den Stoff in der Mitte quer falten und die Bruchkante für den Halsausschnitt 18 cm lang einschneiden. Den Halsausschnitt mit Baumwollgarn und einer Stopfnadel rundherum aufreihen. Einzelne Flicken auf das Hemd nähen.

Hut: Einen Kreis mit 40 cm Durchmesser aus Filz ausschneiden. Etwa 10 cm vom Rand entfernt rundherum mit Reihstichen auffädeln und kräuseln. Den Hut anpassen und die Enden des Nähgarns entsprechend verknoten.

Martins Pferd: Ein Steckenpferd verwenden oder ein einfaches Pferd aus Pappe schneiden.

Sonne, Mond und Sterne

Tischlaterne

Material und Hilfsmittel

Fotokarton in Gelb; Transparentpapier in Gelb und Blau; Teelichter.
Bleistift; Schere; Silhouettenschere oder Papierschneidemesser; Lineal; Falzbein; Klebstoff.

Ausführung

Das Motiv vom Vorlagenbogen auf gelben Fotokarton übertragen und ausschneiden. Die Ausschnitte mit der Silhouettenschere oder dem Papierschneidemesser schneiden. Das Innere der Sonne mit gelbem, den Himmel mit blauem Transparentpapier hinterkleben.
Das Mittelteil (18 x 50 cm) zuschneiden. An den Längskanten jeweils einen 1 cm breiten Kleberand anzeichnen, mit Lineal und Falzbein vorfalzen und falten. Die Kleberänder spitz einschneiden (siehe Zeichnung Seite 42).
Das Mittelteil auf das erste Seitenteil kleben. Gut trocknen lassen und die andere Seite des Mittelteils auf das zweite Seitenteil aufkleben.

Lichter, leuchtet weit

Wir singen

(nach der Melodie des gleichnamigen alten Liedes)

Laterne, Laterne,
Sonne, Mond und Sterne.
Lichter, leuchtet weit,
Lichter, leuchtet weit,
hei, so schön ist die Laternenzeit!

Laterne, Laterne,
Sonne, Mond und Sterne.
Seht den Lichtertanz,
seht den Lichtertanz,
der ist heller als der Sternenglanz.

Laterne, Laterne,
Sonne, Mond und Sterne.
Seht den bunten Schein,
seht den bunten Schein.
Alle Kinder laufen hinterdrein.

Laterne, Laterne,
Sonne, Mond und Sterne.
Löscht das Licht nun aus,
löscht das Licht nun aus.
Denn wir gehen alle froh nach Haus.

Mobile

Material und Hilfsmittel

Zeichenkarton; Tonpapier in Gelb; vier selbstklebende Markierungspunkte mit 8 mm Durchmesser in Blau; Nähgarn; Rundholzstab.
Bleistift; Schere; Klebstoff.

Ausführung

Sonne, Mond und Stern vom Vorlagenbogen auf Zeichenkarton übertragen und ausschneiden. Die Schablonen auf gelbes Tonpapier legen und die Umrisse mit Bleistift nachzeichnen. Das Tonpapier doppelt legen und die Motive ausschneiden (so entstehen immer zwei deckungsgleiche Formen). Die einzeln hängenden Sonnen zusammenkleben und dabei die Aufhängefäden mit einfassen. Für die beiden Motivbänder lange Aufhängefäden zuschneiden und gerade auf die Arbeitsfläche legen. Einen Stern flächig und dünn mit Klebstoff bestreichen, das Fadenende aufkleben und den zweiten Stern deckungsgleich auflegen.
Die weiteren Motive in ausreichendem Abstand anbringen, von unten nach oben arbeiten.
Alle Aufhängefäden zunächst nur locker an den Stab knüpfen. Den Faden für die Aufhängung des Mobilestabes an den Stabenden befestigen. Die Aufhängefäden der Motive ausbalancieren, fest verknüpfen und den Knoten mit einem Tropfen Klebstoff sichern.

Raumschmuck

Material und Hilfsmittel

Fotokarton in Türkisblau und Gelb; selbstklebende Markierungspunkte mit 8 mm Durchmesser in Blau; Nähgarn.
Papierschere; Silhouettenschere; Bleistift; Lineal; Klebstoff.

Ausführung

Die große Wolkenform vom Vorlagenbogen auf türkisblauen Fotokarton übertragen und ausschneiden. Sonne, Mond und Sterne nach den Vorlagen aus gelbem Fotokarton ausschneiden. Die geraden Pauslinien der Sonnenstrahlen eventuell mit Bleistift und Lineal nachziehen.
Eine Kreisscheibe der Sonne flächig und dünn mit Klebstoff bestreichen. Die Sonnenstrahlen gleichmäßig verteilt auflegen, dabei darauf achten, daß die Sonne noch in den Ausschnitt der Wolke paßt, sie sollte den Rand nicht berühren. Den Aufhängefaden einlegen und die zweite Kreisscheibe deckungsgleich aufkleben.
Den Aufhängefaden an der Wolke fixieren, wieder darauf achten, daß die Sonne sich frei drehen kann, und das Fadenende mit einem Stern überkleben.
Einen selbstklebenden Markierungspunkt als Auge auf die Mondsicheln kleben. Die Mondsicheln und Sterne auf Vorder- und Rückseite der Wolke kleben.

Laternenumzug

Tips für den Laternenbau

Motivseiten

Die Motivseite zweimal vom Vorlagenbogen auf Fotokarton übertragen und ausschneiden. Ausschnitte mit Transparentpapier hinterkleben oder die Laterne nach der Beschreibung arbeiten.

Fertigung des Mittelteils
Das Mittelteil nach den angegebenen Maßen aus Fotokarton ausschneiden. An beiden Längsseiten des Streifens einen ca. 1 cm breiten Kleberand einzeichnen und die Linien mit einem Falzbein am Lineal entlang vorfalzen. Die Klebefalze einschneiden und abknicken. Krümmungen des Mittelteils, wie zum Beispiel bei der Gans von Seite 45, erfordern schmale, spitze Klebefalze (siehe Zeichnung 1), bei schwächeren Krümmungen genügen 1 cm breite Falze (Zeichnung 2). Bei Laternenformen mit geraden Kanten (Stallaterne, Leuchtdrache) sind die Kleberänder durchlaufend bis zur Knickstelle des Mittelteils. Die Kleberänder an der Knickstelle keilförmig einschneiden (siehe Zeichnung 3).

Zusammenkleben der Teile
Das Mittelteil an den Klebefalzen auf das erste Seitenteil kleben. Das zweite Seitenteil wenden, so daß die Motivaußenseite nach unten liegt. Die Falze des Mittelteils mit Klebstoff bestreichen und das Mittelteil von oben auf das zweite Seitenteil kleben. Klebefalze innen gut andrücken.

Befestigung der Drahtbügel
Laternen können mit zwei Aufhängelaschen oder einem Aufhängesteg versehen werden. Die Aufhängelaschen bestehen aus ca. 2,5 cm langen, doppelt geklebten Fotokartonstreifen, die gelocht und bei ca. 1 cm gefalzt werden.
Für den Aufhängesteg einen Streifen Fotokarton nach den jeweils angegebenen Maßen zuschneiden und an beiden Enden einen ca. 1 cm breiten Steg vorfalzen und falten. Zwei Löcher mit einem Bürolocher stanzen.
Für den Bügel ein Stück Draht (ca. 0,5 mm Durchmesser) durch die Löcher ziehen und umbiegen.

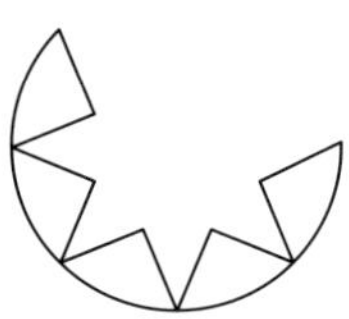

1

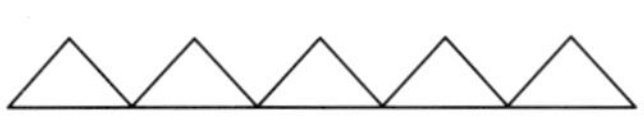

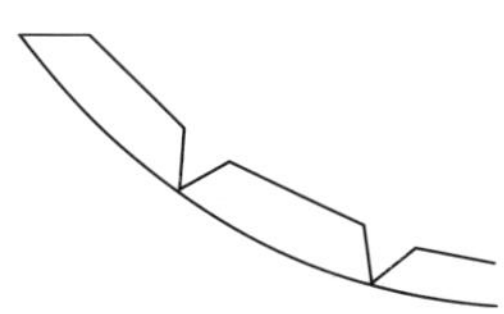

2

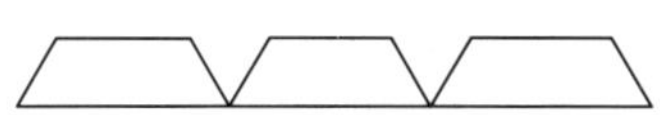

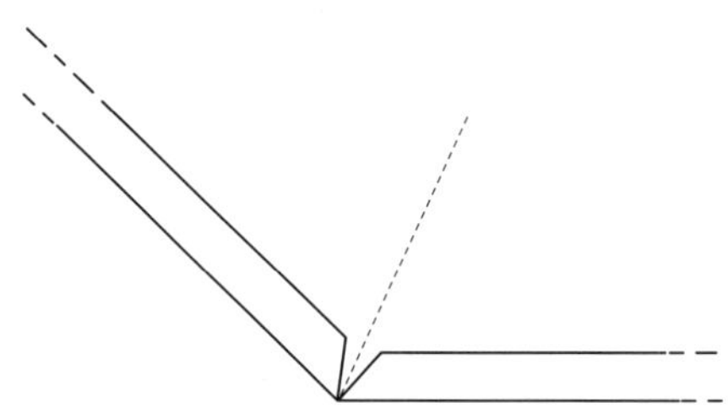

3

Stallaterne

Material und Hilfsmittel

Fotokarton in Schwarz; Transparentpapier in Gelb, Hell- und Dunkelgrün, Pink und Violett; Draht (ca. 0,5 mm Durchmesser). Bleistift; Schere; Papierschneidemesser; Lineal; Bürolocher; Drahtschere; Klebstoff.

Ausführung

Beide Seitenteile vom Vorlagenbogen auf schwarzen Fotokarton übertragen und ausschneiden. Die Ausschnitte mit dem Papierschneidemesser schneiden. Das Schneidemesser am Lineal entlangführen und flach ansetzen. Die Ausschnitte mit farbigem Transparentpapier hinterkleben. Für das Mittelteil einen 15 cm breiten Fotokartonstreifen anpassen, die Ausschnitte mit der vom Vorlagenbogen übertragenen Schablone anzeichnen und ausschneiden. Die Querfalze des Mittelteils vorfalzen und knicken. Die Kleberänder falzen, falten und der Zeichnung 3 entsprechend an den Querfalzen keilförmig einschneiden.

Das Mittelteil erst auf das eine, nach dem Trocknen auf das andere Seitenteil kleben.

Den Aufhängesteg (17 x 2 cm) zuschneiden, knicken und lochen.

Den Steg zwischen die Motivseiten kleben. Den Drahtbügel zuschneiden, zurechtbiegen und am Aufhängesteg der Laterne befestigen.

Mein liebes Licht, verlösche nicht

Wir singen

(nach der Melodie des alten Liedes „Ich geh' mit meiner Laterne")

Kommt her aus den dunklen Straßen!
Sankt Martin, zieh voran!
Du halfst den armen Menschen,
Sankt Martin, Gottesmann.
Mein liebes Licht,
verlösche nicht,
mach hell die dunkle Nacht.

Ich trage eine Sonne,
es leuchtet hell dein Schwan.
Die Eulen und die Gänse,
die ziehen hintendran.
Mein liebes Licht ...

Sankt Martin auf dem Pferde,
der reitet uns voraus.
Er lehrte uns zu teilen,
zu öffnen Hof und Haus.
Mein liebes Licht . . .

Es leuchten die Laternen.
Sankt Martin, zieh voran!
Du zeigst uns Gottes Liebe
und wie man helfen kann.
Mein liebes Licht ...

Martinsgans

Material und Hilfsmittel

Fotokarton in Weiß; Seidenpapier in Weiß; Reste von Tonpapier in Gelborange und Schwarz; Draht (ca. 0,5 mm Durchmesser).
Bleistift; Schere; Silhouettenschere oder Papierschneidemesser; Lineal; Falzbein; Drahtschere; Bürolocher; Klebstoff; Klebestift.

Ausführung

Die Gans vom Vorlagenbogen auf weißen Fotokarton übertragen und ausschneiden. Diese Form als Schablone benutzen und drei weitere deckungsgleiche Teile ausschneiden. Zwei zueinander spiegelbildliche Teile auf die Arbeitsfläche legen und flächig mit Klebestift bestreichen. Das weiße Seidenpapier locker auf die Klebeflächen legen, in Falten legen und fest andrücken. Trocknen lassen und überstehendes Papier etwa 2 cm vom Rand entfernt abschneiden, umschlagen und festkleben. Die Innenseiten mit den beiden anderen Gansformen bekleben.
Die Schnabelform viermal nach der Vorlage aus orangefarbenem Tonpapier schneiden und aufkleben. Als Augen schwarze Tonpapierscheiben aufkleben.
Das Mittelteil (15 x 38 cm) zuschneiden. An den Längskanten jeweils einen 1 cm breiten Kleberand anzeichnen, mit Lineal und Falzbein vorfalzen und falten. Die Kleberänder keilförmig einschneiden (siehe Zeichnung Seite 42).

Mit dem Aufkleben des Mittelteils auf das erste Seitenteil am Hals der Gans beginnen. Auf dem Vorlagenbogen ist der Verlauf eingezeichnet. Die Klebestellen gut trocknen lassen und die andere Seite des Mittelteils auf das zweite Seitenteil aufkleben.

Für den Aufhängesteg einen 2 cm breiten und 17 cm langen Streifen Fotokarton zuschneiden und an den Querseiten 1 cm breite Klebestege abknicken. Mit dem Bürolocher zwei Löcher für den Drahtbügel stanzen. Den Steg so einkleben, daß die Gans gerade hängt.

Den Drahtbügel mit der Drahtschere zuschneiden, in Form biegen und einhängen.

Anstelle einer Laterne mit Gänsemotiv kann man die Gans auch einfach aus doppelt geklebtem Fotokarton ausschneiden und an einem langen Holzstab befestigen.

Beim Laternenumzug

Eine Geschichte

Der Regen klatscht gegen das Fenster. Wie lange Schnüre laufen die Tropfen an der Scheibe entlang.
„Sieht richtig zum Heulen aus", denkt Lisa. „Gemein, daß es regnet! Gemein, daß die Sonne nicht scheint! Wenigstens ein klitzekleines bißchen könnte sie scheinen! Dann würde Mami vielleicht doch erlauben, daß ich beim Martinszug mitlaufe."
Aber der Arzt hat heute an Lisas Bett gesessen. „Nein, Lisa", hat er gesagt, „das Fieber ist immer noch zu hoch! Deine Mandeln sind noch ganz dick. Freu dich auf nächstes Jahr. Dann kannst du mitlaufen beim Martinszug!"
Doch Lisa kann sich nicht freuen. Auch nicht über die kleine bunte Tischlaterne, die sie gestern gebastelt hat. Die Mutter hat ihr auf einem großen Tablett alles gebracht, was man für eine Laterne braucht. Und dann hat Lisa im Bett angefangen zu basteln.
In der Ferne ist jetzt die Musik von der Kapelle zu hören. Die Mutter zieht die Gardine zur Seite und rückt Lisas Bett ganz nahe vor das Fenster.
Da klingelt es. Fröhliche Stimmen dringen durchs Treppenhaus. Und schon stürmen sie herein: Lena und Anna und Michael aus dem Kindergarten. Sie tragen eine große Kürbislaterne. Laut singen sie ein neues Martinslied. Das kennt Lisa noch gar nicht.
„Die Kürbislaterne ist für dich!" rufen die Kinder.
Anna sagt: „Die stellt ihr ans Fenster! Und wenn wir vorbeiziehen, dann gucken wir alle zu deiner Laterne hoch und singen ganz, ganz laut!"
Lisa muß erst schlucken. Dann sagt sie leise: „Find' ich super von euch, daß ihr an mich gedacht habt!"
„Der Laternenumzug kommt gleich! Wir müssen wieder runter!" rufen die Kinder.
Immer lauter wird die Musik. Nun erkennt Lisa schon den Reiter mit dem roten Mantel und dem goldenen Helm auf dem Kopf. Dahinter tanzen leuchtende Laternen.
Jetzt hat sogar der Regen aufgehört.
„Toll", denkt Lisa, „da werden wenigstens die schönen Eulen und die Schwäne und Fische nicht naß. Und der Leuchtdrachen von Michael."
Ja, den kann sie ganz deutlich erkennen. Auf einmal schwenkt der Leuchtdrachen sein langes Schleifenband hin und her. Und auch die Eulen und Schwäne und Monde tanzen auf und ab, gerade vor Lisas Fenster.
„Mami, guck mal, da unten! Da sind alle unsere Laternen vom Kindergarten!" ruft Lisa. „Laß unsere Tischlaterne am Fenster tanzen!"
Nun gucken die Kinder hoch und winken und winken.
Lisa winkt ganz aufgeregt zurück.
„Fast so, als ob ich mitlaufen kann beim großen Martinszug", sagt sie fröhlich.

Laterne, Laterne

Wir singen

(nach der Melodie des alten
Liedes „Laterne, Laterne")

Laterne, Laterne,
laufen wir so gerne.
Ein Eulenpaar
und die Gänseschar
und Mond und Sterne wunderbar.

Laterne, Laterne,
laufen wir so gerne,
schau'n den Sternentanz
und den Lichterglanz.
Du helles Licht, verlösche nicht!

Laterne, Laterne,
laufen wir so gerne.
Hört ihr unser Lied,
singt doch alle mit.
Wir folgen Sankt Martin mit frohem Schritt.

Laterne, Laterne,
laufen wir so gerne.
Kerzen ausgemacht,
nun ist dunkle Nacht.
Doch wir haben euch das Licht gebracht.

Martinslaternen

Material und Hilfsmittel

Sonne-Mond-Laterne: Käseschachtel mit 15 cm Durchmesser; Regenbogen-Transparentpapier; Rest von Fotokarton; Regenbogen-Buntpapier; selbstklebender Markierungspunkt mit 8 mm Durchmesser oder Filzstift in Schwarz; Draht (ca. 0,5 mm Durchmesser).
Stern-Laterne: Zeichenkarton; Fotokarton in Hellblau; Transparentpapier in Gelb und in beliebigen Farben; Draht (ca. 0,5 mm Durchmesser).
Martinslaterne: Fotokarton in Dunkelblau; Architektenpapier; Wachsmalkreiden; Draht (ca. 0,5 mm Durchmesser).
Bleistift; Schere; Silhouettenschere oder Papierschneidemesser; Lineal; Maßband; Bürolocher; Drahtschere; Klebstoff.

Ausführung

Für jede der Rundlaternen nur den Deckel oder den Boden einer Käseschachtel verwenden.
Sonne-Mond-Laterne: Den Umfang der Schachtelhälfte messen und noch 2 cm für den Kleberand hinzugeben. Regenbogen-Transparentpapier in entsprechender Breite und 21 cm Höhe zuschneiden. Das Papier um die Käseschachtel kleben. Am oberen Rand einen 2 cm breiten Streifen Fotokarton einkleben. Die Klebestellen mit Wäscheklammern fixieren. Aufhängelaschen und Drahtbügel nach der Beschreibung von Seite 42 anbringen. Sonne, Mond und Sterne nach den Vorlagen aus Regenbogen-Buntpapier ausschneiden und auf die Laterne kleben. Markierungspunkt als Auge aufkleben oder das Auge mit Filzstift aufmalen.

Stern-Laterne: Nach den Vorlagen Schablonen von den Sternen anfertigen. Den Umfang der Schachtelhälfte messen und noch 2 cm für den Kleberand hinzugeben. Hellblauen Fotokarton in entsprechender Breite und 19 cm Höhe zuschneiden. Mit der Schablone die Umrisse der Sterne auf den Fotokarton übertragen und ausschneiden.
Gelbes Transparentpapier mit den gleichen Maßen ausschneiden. Farbiges Transparentpapier in Stücke reißen und auf das gelbe Transparentpapier kleben. Den Fotokarton damit hinterkleben und den Streifen um die Käseschachtel kleben. Am oberen Rand einen 2 cm breiten

Streifen Fotokarton anbringen. Die Klebestellen mit Wäscheklammern fixieren. Aufhängelaschen und Drahtbügel nach der Beschreibung von Seite 42 anbringen.

Martinslaterne: Die Grundform vom Vorlagenbogen auf blauen Fotokarton übertragen und ausschneiden. Die Ausschnitte mit einem Papierschneidemesser schneiden. Die eingezeichneten Faltlinien und Kleberänder mit Hilfe von Lineal und Falzbein vorfalzen, dann falten.
Die Laterne als Schablone benutzen und die Ausschnitte auf Architektenpapier zeichnen. Die Kinder gestalten das Architektenpapier mit Wachsmalkreiden. Motive sind z.B. Sankt Martin auf dem Pferd, Kinder beim Laternenumzug.
Die Ausschnitte der Laterne damit hinterkleben. Der Laternenboden besteht aus einer quadratischen Fläche, die an die Kleberänder des Laternenkörpers geklebt wird.
Mit Aufhängelaschen und Drahtbügel wird aus der Tischlaterne eine Umzugslaterne.

Kürbislaterne

Eine Kürbislaterne kann man auch im Freien oder auf dem Balkon stehenlassen und die Kerzen darin jeden Abend anzünden. Beim Aushöhlen des Kürbisses sollte das Fruchtfleisch nicht weggeworfen werden, man kann daraus noch eine köstliche Suppe bereiten. Die Kürbiskerne ergeben aufgefädelt eine hübsche Kette.

Material und Hilfsmittel

Großer Kürbis; Zeichenkarton für Schablonen; Teelichter.
Scharfes Küchenmesser, Bleistift, Schere, Stecknadeln, Schüssel.

Ausführung

Mit dem Messer den Kürbisdeckel abschneiden und den Kürbis aushöhlen. Samenfäden und Keime entfernen. Das Fruchtfleisch für die Suppe in einer Schüssel aufbewahren.
Nach der Abbildung Kartonschablonen von Augen, Nase und Mund anfertigen, ausschneiden und mit Stecknadeln auf den Kürbis stecken. Die Umrisse mit einem Bleistift nachzeichnen, die

Kürbissuppe

Zutaten

500 g Kürbisfleisch; 300 g Kartoffeln; 1/2 l Milch; kleine Zwiebel; 1 Brühwürfel (Suppengewürz); 2 Eßlöffel Crème fraîche; 2 Eßlöffel Sahne; Butter zum Andünsten; Salz; Pfeffer.

Zubereitung

Die Kartoffeln schälen und in Würfel schneiden. Die Zwiebel klein schneiden und in Butter andünsten. Kartoffeln und Kürbisfleisch dazugeben. Nach und nach die Milch eingießen. Brühwürfel oder Suppengewürz sowie Salz und Pfeffer hinzufügen und ca. 30 Minuten leicht kochen lassen. Danach mit dem Rührstab passieren. Mit Salz und Pfeffer abschmecken und kurz vor dem Servieren Sahne und Crème fraîche unterrühren.

Leuchtdrache

Material und Hilfsmittel

Fotokarton in Gelb und Rot; Transparentpapier in Gelb, Rot, Pink, Grün und Weiß; selbstklebende Markierungspunkte mit 18 mm Durchmesser in Schwarz oder entsprechende Tonpapierreste; Rest von Baumwollgarn; Draht (ca. 0,5 mm Durchmesser). Bleistift; Schere; Lineal; Falzbein; Drahtschere; Bürolocher; Klebstoff; elektrischer Laternenstab.

Ausführung

Beide Motivseiten vom Vorlagenbogen auf roten Fotokarton übertragen, Umrisse und Ausschnitte ausschneiden. Die Ausschnitte mit gelbem Transparentpapier hinterkleben. Augen, Nase und Mund auf das Gesicht kleben. Selbstklebende Markierungspunkte als Pupillen aufkleben oder Kreise aus Tonpapier verwenden.
Aus farbigem Transparentpapier 13 x 8 cm große Streifen schneiden, in der Mitte raffen und als Schleifen an ein beliebig langes Stück Baumwollgarn knüpfen.
Das Mittelteil 50 x 20 cm aus braunem Fotokarton schneiden. Die Querfalze vorfalzen und knicken. Die Kleberänder falzen, falten und nach der Zeichnung 3 von Seite 42 an den Querfalzen keilförmig einschneiden.
Das Mittelteil erst auf das eine, nach dem Trocknen auf das andere Seitenteil kleben, und dabei das Schleifenband mit einfassen.
Verschiedenfarbiges Transparentpapier in mehreren Lagen aufeinanderlegen und 8 x 2 cm große Streifen schneiden. Die Streifen fein einschneiden und vorsichtig über die Scherenkante ziehen, damit sie sich leicht rollen. Als Ohren auf den fertigen Drachen kleben. Die Haare nach der Vorlage aus mehrlagigem Transparentpapier schneiden.
Für den Aufhängesteg zwei 3 cm breite und 24 cm lange Streifen Fotokarton zuschneiden, aufeinanderkleben und an den Querseiten 2 cm breite Klebestege abknicken. Mit dem Bürolocher zwei Löcher für den Drahtbügel stanzen. Den Steg so einkleben, daß der Drache gerade hängt.
Den Drahtbügel mit der Drahtschere zuschneiden, in Form biegen und einhängen.

Kommt her aus allen Straßen

Wir singen

(nach der Melodie des Liedes „Ich geh' mit meiner Laterne")

Kommt her aus allen Straßen,
wir ziehen durch die Nacht.
Wir haben für Sankt Martin
die Lichter angemacht.
Ein Mond, ein Schwan,
ein Stern, ein Hahn,
die Eule auch hintendran.

Sankt Martin sah den Bettler
am dunklen Wegesrand.
Da teilte er den Mantel
und gab mit gütiger Hand.
Ein Mond, ein Schwan ...

Seht ihr die Lichter tanzen,
so ziehn wir durch die Nacht.
Wir haben mit unseren Liedern
an dich, Sankt Martin, gedacht.
Ein Mond, ein Schwan ...

Eule

Material und Hilfsmittel

Fotokarton in Dunkelbraun; Transparentpapier in Gelb; Reste von Transparentpapier in Weiß, Rot, Violett, Orange und Grün; Tonpapierrest in Schwarz; Draht (ca. 0,5 mm Durchmesser).
Bleistift; Schere; Lineal; Falzbein; Drahtschere; Bürolocher; Klebstoff.

Ausführung

Beide Seitenteile vom Vorlagenbogen auf braunen Fotokarton übertragen, Umrisse und Ausschnitte ausschneiden. Die Ausschnitte mit gelbem Transparentpapier hinterkleben. Augen und Schnabel auf das Gesicht kleben. Farbiges Transparentpapier in spitz zulaufende Streifen reißen und reihenweise als Federn aufkleben. Mit dem Aufkleben unten beginnen.
Das Mittelteil 15 x 48,5 cm aus braunem Fotokarton schneiden. Die Querfalze nach 16 und 16,5 cm falzen und knicken. Die Kleberänder falzen, falten und nach der Zeichnung 3 von Seite 42 an den Querfalzen keilförmig einschneiden.
Das Mittelteil erst auf das eine, nach dem Trocknen auf das andere Seitenteil kleben.
Aufhängelaschen zuschneiden, knicken, lochen und an beiden Seiten des Mittelteils festkleben.
Den Drahtbügel zuschneiden, zurechtbiegen und an der Laterne befestigen.

Zeit kann man auch teilen!

Eine Martinsgeschichte

Dunkel und kalt ist es draußen. Der Wind heult. Schneeflocken mischen sich in die Regenschauer. Durch die Straßen bewegt sich ein langer Laternenzug.
„Ich kann mir richtig vorstellen, wie der Bettler da am Wegrand gehockt und gefroren hat", sagt Dennis.
Dennis trägt eine große leuchtende Laterne. Die hat der Großvater ihm gebastelt. An der einen Seite ist ein hoher Kirchturm drauf, mit bunten Kirchenfenstern, daneben ein Bauernhaus mit Fachwerk. Dann erscheint ein Fenster mit einem Ritter auf einem weißen Pferd. Und beim letzten Fenster sieht man, wie der Reiter seinen roten Mantel durchschneidet und die Hälfte einem Bettler am Wegrand schenkt.
„Super – deine Laterne!" sagt Thomas. Dann guckt er nachdenklich auf das Fenster mit dem Bettler, das leise hin- und herschwankt. „Weißt du, Dennis, eigentlich ist der Martin doch ein toller Mann gewesen. Wenn ich mir das vorstelle: So ein eisiger Winterabend! Und dann hat er den Mantel durchgeschnitten. Der hat bestimmt vorn und hinten nicht mehr gereicht! Ölheizung wie wir haben die damals auch noch nicht gehabt. Im Gasthaus gab's wohl nur ein Kaminfeuer, das gequalmt hat."
Dennis zieht den Reißverschluß an seinem neuen Anorak hoch. Auf dem Rücken ist ein großer Tiger zu sehen. „Mensch, wenn ich den durchschneiden würde, das wäre 'ne echte Katastrophe! Zwei halbe Tiger! Meine Mutter würde glatt der Schlag treffen. Und ein Penner würde sich auch schön bedanken für einen halben Anorak. – Heute kann man eben nicht mehr richtig teilen."
„Es müssen ja nicht die Bettler auf der Straße sein", sagt Thomas. „Denk mal an Leute, die wir kennen, welche aus unserer Klasse, zum Beispiel."
„Ach, du meinst die Neuen aus Rußland", sagt Dennis langsam. „Aber können wir denen denn unsere alten Sachen geben? Die werden gucken, wenn wir dann mit tollen, neuen Klamotten daherkommen!"
„Ich meine gar nicht die Klamotten", sagt Thomas. „Eigentlich könnten wir doch was anderes teilen – unsere Zeit, unsere Freizeit."
„Zeit teilen?" fragt Dennis. „Ach so, wenn wir gerade toll beim Kicken sind, dann sollen wir hin-

gehen und mit ihnen Babyspiele machen? Damit sie Deutsch lernen, wie unsere Lehrerin gesagt hat? Nein – das ist mir einfach zu blöd!"
Aber Thomas läßt nicht locker. „Wir können sie ja mitnehmen auf den Fußballplatz! Und wenn wir zum Schwimmen gehen. Dann können wir zusammen mit ihnen kraulen üben. Und dabei sprechen wir mit ihnen. Das macht sicher Spaß. Micha und Swetlana können auch schon ein bißchen Deutsch. Meine große Schwester holt sie manchmal ab und spielt mit ihnen. Guck mal, da hinten!"
Am Ende des Martinszuges geht die große Schwester von Thomas. Sie hat die beiden Kinder aus dem russischen Dorf an der Hand. Vergnügt singen die Kleinen mit: „Laterne, Laterne . . ."

Nachdenklich läßt Dennis seine schöne große Laterne auf- und abtanzen.
Als der Martinszug anhält und der Reiter sich vom Pferd hinabbeugt und den roten Mantel teilt, meint Dennis: „Du Thomas, eine Idee hätte ich schon! Die beiden großen Jungen könnten doch in unserer Fußballmannschaft mitspielen. Ich steh' ja am liebsten im Tor. Aber wir könnten auch abwechseln. Vielleicht geben die einen guten Torwart ab. Ich bin am Dienstag dran und die am Donnerstag und Freitag."
„Die Idee ist spitze!" sagt Thomas.
Lodernd flackern die Flammen vom Martinsfeuer hoch in die Nacht.

Wir tragen Stern an Stern

Wir singen

(nach der Melodie des Liedes „Ade nun zur guten Nacht")

Sankt Martin, zieh uns voran
und führ unsern Zug doch an.
Wir folgen dir alle nach.

Wir tragen heut' Stern an Stern,
Sankt Martin, wir folgen gern
beim langen Laternenzug.

Sankt Martin, Kriegersmann,
du hattest die Rüstung an.
Doch legst du die Waffen ab.

Wir tragen heut' ...

Sankt Martin, zieh du voran,
du lehrst, wie man teilen kann,
wie Jesus es selbst gebot.

Wir tragen heut' ...

Sankt Martin, du zogst voraus,
wir tragen das Licht hinaus
in dunkle Straßen.

Wir trugen Stern an Stern,
Sankt Martin, wir folgten gern
beim langen Laternenzug.

Martinsfeuer

Vor allem im Rheinland werden am 11. November zum Schluß des Laternenumzugs große Martinsfeuer entzündet.

Feuerlaternen

Material und Hilfsmittel

Kleine Laterne: ovale Käseschachtel; Fotokarton in Gelb; Transparentpapier in Rot, Gelb und Orange; Teelicht.
Große Laterne: runde Käseschachtel mit 15 cm Durchmesser; Transparentpapier in Rot, Gelb und Orange; Teelicht oder Grablicht.
Maßband; Bleistift; Schere; Silhouettenschere oder Papierschneidemesser; Wäscheklammern; Klebstoff.

Ausführung

Kleine Laterne: Die Flammen vom Vorlagenbogen auf gelben Fotokarton übertragen und ausschneiden. Die Ausschnitte mit der Silhouettenschere oder mit dem Papierschneidemesser ausführen und mit Transparentpapier hinterkleben. Die Flammen auf den Rand der Käseschachtel kleben und mit Wäscheklammern fixieren.

Große Laterne: Den Umfang der Schachtelhälfte abmessen und noch 2 cm für den Kleberand hinzugeben. Gelbes Transparentpapier in entsprechender Breite und in der gewünschten Höhe der Laterne zuschneiden. Den Käseschachtelboden so auf die Arbeitsfläche stellen, daß die Pappscheibe oben ist. Das Transparentpapier um die Käseschachtelhälfte kleben, das überlappende Transparentpapier an den Längskanten zusammenkleben, es sollte sich eine glatte, zylindrische Form ergeben. Noch während der Klebstoff naß ist, probieren, ob der Kranz des Käseschachteldeckels oben hineinpaßt. Die Klebestellen mit Wäscheklammern fixieren. Nach dem Trocknen den Käseschachteldeckel einkleben.
Rotes und orangefarbenes Transparentpapier in spitz zulaufende Streifen (Flammen) reißen und auf den Laternenkörper kleben.
Die Laterne kann auch beim Umzug verwendet werden.
Zwei Aufhängelaschen (siehe Beschreibung Seite 42) anbringen und einen Drahtbügel einziehen.

Der Laternenumzug

Planung und Durchführung

Ein Martinsumzug wird am besten von einer Gruppe von Erziehern und Eltern gemeinsam vorbereitet und organisiert. Für die Umzugsstrecke sollte man bewußt ruhige Wege mit wenig Verkehr wählen. Läßt sich eine Überschneidung mit verkehrsreichen Straßen nicht vermeiden, müssen diese Punkte gesichert werden, z.B. von der Feuerwehr. Grundsätzlich ist eine Erlaubnis bei der zuständigen Stelle (Straßenverkehrsbehörde, Stadt oder Gemeinde) einzuholen. Die Vorschriften der Straßenverkehrsordnung sind genau zu beachten.
Ein Ortsplan ist bei der Festlegung der Strecke sehr nützlich. Meist wird der Kindergarten oder die Kirche Ausgangspunkt des Umzugs sein. Ein Schulhof oder ein Park eignet sich als Treffpunkt. Der Weg zwischen diesen beiden Orten darf nicht zu lang sein, es nehmen ja sehr viele Kinder im Vorschulalter am Umzug teil.
Vielleicht kann die Umzugsstrecke auch so gewählt werden, daß sie an einem Altenheim oder einem Krankenhaus vorbeiführt. Dort wird angehalten, und die Kinder singen einige Laternen- und Martinslieder. Die alten oder kranken Menschen freuen sich sicher darüber.
Für die Kinder ist es besonders eindrucksvoll, wenn ein Reiter mit entsprechender Kleidung den Umzug anführt. Man sollte sich rechtzeitig um einen Reiter, Kostüme und ein Pferd bemühen, z.B. beim örtlichen Reitverein. Optimal ist es, wenn sich auch ein Bettler findet, der am vereinbarten Treffpunkt wartet.
Am Treffpunkt kann ein Erwachsener vor dem Eintreffen der Umzugsteilnehmer Standlaternen, z.B. die Tischlaternen von Seite 9, anzünden.
Alle Kinder und Erwachsene bilden mit ihren Laternen einen großen Kreis, in deren Mitte der Reiter seine Runden zieht und der Bettler flehend auf den Knien liegt. Die Legende von Sankt Martin wird kurz erzählt bzw. gespielt. Alle singen anschließend Martinslieder. Zum Schluß gibt es in Thermoskannen mitgebrachten Glühwein für die Erwachsenen und heißen Tee für die Kinder. Martinsbrot wird ausgeteilt, immer zwei Menschen teilen sich einen Kranz, ein Herz oder eine Schnecke. Die Zuwendung zum Nächsten, das Teilen mit anderen wird damit verdeutlicht. Mit einem gemeinsamen Lied klingt der Umzug aus.

Checkliste für die Vorbereitungen

❍ *Ausgangspunkt, Umzugsroute und Treffpunkt festlegen.*

❍ *Erlaubnis bei der zuständigen Straßenverkehrsbehörde einholen; Feuerwehr in Kenntnis setzen; Straßensicherung organisieren.*

❍ *Reiter, Pferd und Bettler anwerben, Kostüme besorgen.*

❍ *Liedtexte vervielfältigen, mit den Kindern einüben, an die Eltern weitergeben.*

❍ *Laternen basteln, auf Sicherheit achten.*

❍ *Glühwein, Tee, Gläser und Tassen vorbereiten.*

❍ *Martinsbrot backen, bereitstellen, verteilen.*

❍ *Alternativprogramm für Regenwetter, z.B. kürzere Wegstrecke, eventuell überdachter Treffpunkt.*

Martinsbrot zum Teilen

Zutaten

500 g Mehl; 1/4 l Milch; 100 g Zucker; 125 g Butter oder Margarine; 2 Eier; 1 Würfel Hefe; 1 Päckchen Vanillinzucker; Milch.

Zubereitung

Das Mehl in eine Schüssel sieben und eine Vertiefung in die Mitte drücken. Eine Tasse Milch und die zerkleinerte Hefe hineingeben. Ein Teelöffel Zucker hinzufügen. Den Teig ca. 15 Minuten an einem warmen Ort ruhen lassen. Inzwischen die Milch leicht erwärmen, Zucker, Vanillinzukker und das Fett darin auflösen. Milch mit Fett und Zucker auf den Mehlrand geben, Eier hinzufügen. Alles einrühren und zu einem glatten Teig verkneten. Eventuell noch Mehl zugeben.
30 bis 40 Minuten gehen lassen, bis sich der Teig verdoppelt hat. Den Teig auf die mit Mehl bestäubte Arbeitsfläche legen.

Kranz: Zwei gleich große Zöpfe flechten, zu einem Kreis zusammenlegen, die Ränder gut aneinanderdrücken. Der Kranz ist an den zusammengesetzten Enden gut teilbar.

Herz: Einen faustgroßen Teigballen formen und mit dem Messer in der Mitte einschneiden.

Schnecke: Eine Teigrolle formen und von den Enden her gleichmäßig zur Mitte hin aufrollen.

Ein Backblech mit Backpapier auslegen. Das Martinsgebäck auflegen und nochmals 15 bis 20 Minuten ruhen lassen. Im vorgeheizten Backofen auf unterster Schiene 30 bis 35 Minuten bei ca. 190 Grad goldbraun backen. Das noch heiße Gebäck mit Milch einpinseln, damit es einen leichten Glanz erhält.

Nach dem Umzug

Begeistert haben die Kinder beim Umzug die Lieder von Sankt Martin gesungen und stolz ihre leuchtenden Laternen getragen. Die Lichter in der Dunkelheit, der Reiter, das Pferd und der Bettler waren beeindruckend.
Der Umzug geht schnell vorbei, aber die Kinder beschäftigen sich noch einige Tage danach mit ihren Eindrücken. Mit einer gemalten Collage kann das Erlebte und Gesehene verarbeitet werden.

Collage

Material und Hilfsmittel

Fotokarton in Dunkelblau; Tonpapier in Gelb; Malkarton in Weiß; Deckfarben.
Pinsel; Schere; Klebstoff.

Ausführung

Malkarton, Deckfarben und Pinsel zur Verfügung stellen. Die älteren Kinder malen sich selbst mit der Laterne, Martin und den Bettler auf Malkarton. Die jüngeren Kinder malen Sterne oder Laternen. Es genügt, wenn ein Kind nur eine Figur malt.
Die fertigen Figuren ausschneiden und gemeinsam auf dunkelblauem Fotokarton anordnen, dann aufkleben.

Barbara Cratzius

Barbara Cratzius, die in der Nähe von Kiel lebt, war fast dreißig Jahre lang Grundschullehrerin (Schwerpunkte Musik, Deutsch und Werken). Einige Jahre unterrichtete sie in Madrid.
Sie hat bereits mehrere Kinderchöre geleitet, viele Märchen, selbstgeschriebene Singspiele und Weihnachtsstücke aufgeführt. Ihre Ideen und Erfahrungen sind in zahlreichen, sehr erfolgreichen Büchern für Kinder, für Eltern und Erzieher veröffentlicht.

Ursula Ritter

Ursula Ritter lebt mit ihrem Mann und ihren beiden Söhnen in Endingen am Kaiserstuhl. Sie arbeitet seit über 25 Jahren als Erzieherin und leitet einen Kindergarten.
An der Volkshochschule gibt sie Kurse für Kinder und Erwachsene zum Thema „Kreatives Gestalten". Das Arbeiten mit Papier und Naturmaterialien bildet einen besonderen Schwerpunkt.
Im Christophorus-Verlag sind von ihr bereits viele erfolgreiche Publikationen erschienen.

ISBN 3-419-53549-X

Redaktion:
Elke Fox
Styling und Fotos:
Peter Nielsen, Umkirch
Reinzeichnungen:
Uwe Stohrer, Norsingen
Umschlaggestaltung:
Michael Wiesinger, Freiburg
Layout, Satz und Litho:
Print Production, Umkirch
Herstellung:
Konkordia, Bühl